アイヌ文化と森
～人々と森の関わり～

志賀雪湖	内田祐一	津田命子
秋野茂樹	北原次郎太	齋藤玲子
吉原秀喜	田口 尚	田口洋美

手塚 薫　　出利葉浩司

風土デザイン研究所

クマの姿岩と二風谷の森
（吉原秀喜 撮影）

二風谷の森と川（チプサンケ 2017 年）
（吉原秀喜 撮影）

☆カバーと表紙の写真
オキクルミチャシとムイノカ（秋の風景）（吉原秀喜 撮影）

はじめに

　この本は、アイヌ民族の文化について、とくに森とのかかわりという観点から、民族学や人類学、言語学、考古学を専門としてきた著者によってかかれたものである。アイヌ民族は、かつては北海道だけでなく樺太、千島列島そして東北地方北部を舞台に生活してきた。そして現在でも北海道を中心に国内外のさまざまな地域で暮らしている。その文化について、過去の文化だけでなく、それが現代にどう受け継がれているか、さらには人びとの現在の活動にまでおよんで、述べたものとなっている。

　この本には、もとになった刊行物がある。北海道の林学・林業関係者を中心に購読されてきた学術雑誌『北方林業』がそれである。そこに、2007年から8年にかけて12回にわたり特集として掲載されたものを、あらためて一冊にまとめたものである。単行本にするにあたり、一般向けの読み物としてより読みやすくするため、全体に統一性を持たせ、各執筆者には加筆修正をお願いしている。森あるいは樹木の利用という、アイヌ文化のかぎられた一面をとらえたものであるが、アイヌ文化全体への見通しや、さらには現在の活動も見据えた内容であり、アイヌ文化に関心をお持ちの方にとっての入門書になるのではないかと思っている。

　ところで、なぜ、わたくしたちが『北方林業』誌に連載することになったのか。その経緯をかんたんに説明したい。2006年、北海道大学名誉教授で北方林業会の会長であった高橋邦秀先生が、編集者の一人である出利葉を訪ねてみえられた。アイヌの人びとがさまざまな樹木を利用して作った伝統的な道具のことや森での狩猟活動についてお話ししたあと、別れぎわに、高橋先生が、アイヌの人びとと樹木の利用、さらには人びとと森とのかかわりなど、今日のお話をふくらませて、学会誌に連載しませんかとおっしゃってくださった。これがきっかけである。さっそく、出利葉は、本書の編集者でもある手塚にこのことを相談し、おおまかな内容と執筆者を

決め、なかば強引にお願いすることになるのだが、はたして連載は 2007 年の第 6 号から開始されることになった。研究会やシンポジウムなどの成果をまとめたものではなく、「アイヌの人びとと森」という緩やかな紐帯のもと、アイヌの人びとと森とのかかわりについて、それぞれの執筆者がこれまでおこなってきた研究活動と関連づけて原稿をお願いした。時間的なこともあって各内容の調整や執筆者間での意見の交換はおこなうことができなかった。12 回の連載が終了した 2008 年、こんどは北方林業事務局の大道正長さんから、連載をまとめて出版する提案をいただいた。諸般の事情から、この出版の話はそのまま断ち切れとなっていた。

　このたび、編集者らがかねてより親交のあった風土デザイン研究所小林法道さんのご協力をいただくことができ、執筆者全員が背中を押される思いのなかで、なんとか本として出版することができた。

　もとの原稿は、査読を経たうえで学術雑誌に掲載されたものであり、その後、さまざまな評価をえたものとはいえ、初出後すでに 10 年近くが経過している。出利葉と手塚とで読み直してみると、おおまかな枠組みは現代でも耐えうるものではあるが、その後新しい発見があり、また関連する展示会なども企画されており、そうした成果を盛り込む必要があるという結論に至った。本書では、そのような成果をもりこみ、今日的な内容にするため、各執筆者にはかなりの修正加筆をお願いすることとなった。また、各執筆者も、最初の執筆時のあと、勤務先が変わりさまざまな経験を積むことになった。本書ではそうした経験も反映されたものとなっている。

　このたびの読者が、北海道内の、林学林業関係者ではなく、ひろくアイヌ文化に興味を持たれた全国の方がたを対象としていることなども考慮して、各論考の配列は、『北方林業』での掲載順とはしていない。結果的には、『北方林業』の再録ではなく、まったく新しい内容のものとなったことを、ここにお断りしておきたい。

　最後に、これは残念なことであるが、この間、執筆者の一人であった秋野茂樹さんが、亡くなられた。ご遺族のご理解と承諾を得て、

論考を掲載させていただくことができたことをお伝えしなければならない。なお、秋野さんの論考については、ご遺族のご了解のうえ、編集者が若干手を入れさせていただき、さらに参考文献の提示や校正の任にあたらせていただいたことも、申し添えておきたい。

     2018年3月1日 出利葉 浩司・手塚　薫

目　次

はじめに（出利葉浩司・手塚薫）・・・　　目　次・・・・・・・・・・・

第1章．序文にかえて（出利葉浩司）・・・・・・・・・・

第1節．森のイメージ　　　　　　　　　第2節．人間と森の利用
第3節．森について考えたこと　　　　　第4節．森から木々へ
第5節．ふたたび森をながめて　　　　　第6節．神々が住まう森

第2章．物語にみる「森」（志賀雪湖）・・・・・・・・

はじめに　　　　　　　　　　　　　　　第1節．木の女神
第2節．倒　木　　　　　　　　　　　　第3節．倒木のいろいろな利用
第4節．倒木に潜むもの　　　　　　　　第5節．倒木とクマ神への罰
第6節．物語における倒木の機能　　　　第7節．倒木の橋
まとめ

第3章．アイヌ文化のなかの植物（内田祐一）・・・・・

はじめに　　　　　　　　　　　　　　　第1節．クリの伝承と生態
第2節．創世話にみる植物　　　　　　　おわりに

第4章．アイヌ女性の森林利用（津田命子）・・・・・・・

第1節．アイヌ文化と自然　　　　　　　第2節．アイヌ女性と自然との関わり
第3節．樹皮からつくられた衣服　　　　第4節．樹皮の処理工程
第5節．靭皮衣の素材　　　　　　　　　第6節．ハルニレとの出会い
第7節．ツルウメモドキのアットゥシ　　第8節．イラクサ繊維の利用
第9節．自然は食料庫　　　　　　　　　おわりに

第5章．森の動物クマと信仰（秋野茂樹）・・・・・・・

はじめに　　　　　　　　　　　　　　　第1節．アイヌの世界観
第2節．クマの霊送り儀礼　　　　　　　第3節．霊送り儀礼の実際
第4節．クマ神、その後　　　　　　　　おわりに

第6章．木の神と生きる（北原次郎太）・・・・・・・・

はじめに　　　　　　　　　　　　　　　第1節．世界観の概要
第2節．動物神の観念　　　　　　　　　第3節．植物神の観念
第4節．イナウの属性は樹木に由来する　第5節．木と共に生きる

第7章. 道具にみる木の利用（出利葉浩司）......

はじめに
第2節. 魂をもつものとしての樹木
第1節.「森を見て、かつ、枝も見よ」
第3節. 大地の神　シランパカムイ

第8章. 木彫り熊とみやげ（齋藤玲子）.........

第1節. 木彫りの熊
第3節. 明治時代の博覧会とみやげ
第5節. 戦後の北海道観光ブーム
おわりに
第2節. 江戸時代の蝦夷みやげ
第4節. 大正～戦前のアイヌの工芸
第6節. 木彫りの素材

第9章. 現代のアイヌ工芸（吉原秀喜）........

はじめに
第2節. 伝統と創造の相克
第4節. 環境・文化・景観の連関と工芸の振興
まとめにかえて
第1節. アイヌ工芸家からのメッセージ
第3節. イオル構想と伝統文化

第10章. 考古学と木の道具（田口 尚）........

はじめに
第2節. 木材の樹種同定と最新の技術
第4節. アイヌ文化の出土生活用具の樹種
おわりに
第1節. 低湿地遺跡とは
第3節. 考古学における樹種同定の役割

第11章. 流れ寄る樹（手塚 薫）............

第1節. 国際的な枠組みによる千島列島の調査
第2節. フィールドワーク中のキャンプ生活
第3節. 千島列島の植生と住居構造
第4節. 近世における燃料消費型の生活様式
第5節. 授かりものとしての漂流船
第6節. 漂流民の帰還と流木による船の製作

第12章. シベリアの森から（田口洋美）.......

はじめに
第2節. 農耕可能な地域と非農耕地域
第1節. 生業技術の相似構造
第3節. シベリアの森から

あとがき（手塚薫・出利葉浩司）...　　　編著者紹介............

第1章. 序文にかえて
～人びとにとって森林とは何であったか～

出利葉浩司

第1節. 森のイメージ
～私の過去の記憶から～

　「森」という言葉を聞いたとき、皆さんはどのような「森」を想像されるのだろうか。

　たとえば「木」という字は、小学校の低学年で習う漢字だ。同時に子供たちは、この文字が実際の木から生まれた文字（象形文字）であるというその「プロセス」も習うかもしれない。どんなに都会であったとしても、私たちの身の回りには、いたるところに木がある。だからこの文字は、子どもたちにしても、実物と文字とがすんなりと結びつくものだろう。そして、その「木」が、たくさんあるところという説明のもとに、「林」という文字を習う。さらに、もっともっとあるところということで、「森」を習うことになる。

　それでは、私たちは、この木がたくさんあるところ、すなわち「森」に思いをはせるとき、どのようなことをそこにイメージするのだろうか。私たちの脳裏に、どのような映像がひろがるだろうか。私ごとで申し訳ないが、そのことを自己の経験に置き換えて考えてみた。

　地方ではあったが、九州の博多という、どちらかといえば都市部で育った私が、子供の頃に抱いた森のイメージといえばヘンゼルとグレーテルが森のなかをさまよう物語のそれであった。昼なお薄暗い森、迷いこんだら抜け出せない森、魔法使いが住む森…。

　そんな私が実際に「森」を体験したのは、近郊の山へ登ったときであった。苔の生えた礫が目立つほとんど人の踏み跡が感じらない山道が、薄暗い「森」の冷やかな空気のなかを縫っていく。周囲は、いつ人の手が入ったのか手入れの行き届いた杉林であった。枝を落

とされ真っ直ぐに伸びた幹を見上げると、遙か上の方に暗緑色の葉が申し訳なさそうに茂り、それが山道を覆っている。その間から漏れた強い夏の日差しが、幾筋もの平行な斜線となって山肌に生い茂る羊歯を照射する…。

再び、私がつよく森を意識したのは、初めて飛行機に乗ったときのことだったと思う。千歳空港を飛び立った私の眼下にひろがった一面の樹海は遠く樽前山までつづいていた。いま新空港のあるあたりは、かつて縄文時代の大集落があったことで知られている。北海道の大学でアイヌ文化以前のことを勉強していた私は、数千年前にそこで営まれていたであろう森の生活に思いを馳せていた。

今になって思い返せば、私のこのイメージは、あまりにも単純で純粋なものだったと思う。

第2節．人間と森の利用

近年、私たちの身の回りでは、自然破壊、温暖化、環境汚染、あるいはそこに暮らす生物の絶滅など、限られた地域におさまりきれない、地球というおおきな規模での議論がある。そしてここでよく目にするキーワードのひとつに、森林すなわち「森」がある。

また、いっぽうで、このような環境にかかわる議論のなかでよく目にする課題に、人間と環境とのかかわりがある。より具体的にいえば、資源の保護、先住民と自然利用、自然との共生など、つぎつぎと自然や先住民文化に関連するキーワードや、そこから導かれた思想が、それも地球的な規模で現れてきている。それらは新聞やテレビ番組で取り上げられることも多くなって久しい。自然環境の問題は、人類にとって、予断を許さない緊急の課題であることが、理屈でなく伝わってくる。

ところで、すこし冷静になってこのような社会の動きを見直してみると、あたかも先住民のみが自然をうまく活用していて、それ以外の人びとはすべて自然を破壊する側に与する悪しき集団であるか

の如き印象を与えているように感じられてならない。あるいはそこまで極端ではないにしろ、先住民以外の人びとは、自然の利用あるいは恵みを忘れあるいは捨て去り、金属やプラスティックなどの「科学的」工業製品に囲まれた「豊かな」暮らしを送る人びとであるかのような印象を与えているのではないだろうか。そして、そうした考えの根底にあるのは、どこの国々も、やがては工業化を達成し、近代化を成し遂げ、生活の道具も近代的工業製品に置き換わっていくのが理想であるという、単純な発展理論ではないだろうか。

　話を日本列島、さらに北海道に絞ってみよう。先住民族であるアイヌの人びとは木々の利用に長けた人びとといわれることがある。みごとな彫刻が施された生活道具を眺めたときなど、たしかにアイヌ民族はとりわけ森の利用、木の利用について才能を持った人びとであるかのような印象を持ってしまう。

　しかし、ちょっと立ち止まって考えれば、この考えは誤りであることに気づく。アイヌの人びとが木や森の利用に長けていない、ということではない。そうではなく、考えてみれば当たり前のことなのだが、森を利用してきたのは、あるいは木を利用してきたのは、なにもアイヌの人びとに限ったことではないということだ。あとで北海道に移り住んできた人びとだって同じことだ。彼らも、木の道具を使いつづけているのだ。森を利用しているのだ。箸、椀などの食器、家具類、住居、さまざまな道具が木製であり、樹木を素材としたものである。紙だって原料は木だ。今日では私たちのほとんどが、自分の手で木を加工しないので、この当然のことに意外と気付かない。森の利用、木の利用は、先住民文化だけの専売特許ではないのである。

　なるほど、木は人類の古くからの友達であったはずである。歴史の教科書では、人類の歴史の語り出しは彼らが使った道具によって時代が区分されている。石の道具を使い始め、やがて土器を発明する。日本の歴史では、それが旧石器時代、縄文時代となっている。縄文時代は、縄文式土器にその名が由来しているとおり土器を使用

する時代だ。土器の使用を知る以前の時代、人類が加工して作った最初の石器は円礫を打ち欠いただけのものとされるが、考古学者によると、さらにそれ以前からすでに人類は円礫をそのまま使う方法を知っていた可能性は十分にあるという。木の実を割ったり、磨りつぶしたりするためでもあったのだろう。おなじように、人類の最初の道具として動物の骨や角の利用、木の枝の利用があった可能性もまた高いという。土のなかに埋もれ、ながい時を経た木や骨はよほど条件がよくないと腐ってしまい後世に残らない。だから、考古学的に人類最古の道具として確認できるのは石器だけとなる。歴史教科書は、人類が土器を使用する前の時代として、石器時代を強調する。そのため、私たちは、石の道具が人類最古の道具であるかのごとく勝手に「誤解」してしまってはいないだろうか。

第3節．森について考えたこと

　つぎの文章は、知里幸恵の『アイヌ神謡集』（岩波文庫）の序文の一部である。知里幸恵は祖母金成マツが伝えるアイヌの口唱伝承を後世に伝えようとローマ字で記述し、また金田一京助のアイヌ語研究を側面から支え、19才の若さで世を去った女性である。

　その昔この広い北海道は、私たちの先祖の自由の天地でありました。天真爛漫な稚児の様に、美しい自然に抱擁されてのんびりと楽しく生活していた彼らは・・・（以下略）。

　ここからイメージされる北海道の森林、アイヌ民族が暮らしてきた「森」は、どのようなものだろうか。さまざまな樹木が生い茂り、手つかずの森が果てしなくひろがる。そして、さまざまな生き物が生息する。まさに「豊かな森」ではないだろうか。私も、そのような森の姿を、美しい森、豊かな森と思ってきた。
　専門とする職業によって森林の見方が違うということを知ったの

は、林業を専門とする人の意見によってであった。手つかずの森林、原始林というのは、手入れのなされていない荒れ放題の森である。手入れの行き届いた樹木がきちんと植林され、下草の処理がなされた森こそが美しい豊かな森であるというのである。たしかに、私たち人間にとって、有用な木材がきちんと管理された状態ですくすくと育っている森、「木の畑」のほうが資産価値はある。これは少なくとも産業という観点からは理解できる意見であろう。

　しかし、友人の野生動物研究者によると、そのように特定の樹種により形成された森に、多様な動物層は見込めないという。広葉樹を交えたさまざまな樹木が混じる森を、彼は「美しい」とはいわなかったが、「豊かな」森と表現した。もう30年以上も前のことだ。それまで、木々が鬱蒼と茂ってさえいれば、どんな樹木が茂っていようといろいろな動物が住むことができると思っていた私にとって、この野生動物研究者の言葉は、まさに「目から鱗」であった。

　このとき、私は「森」ということについて、少し考える機会を与えられた。振り返ってみれば、どうも私は木材の性質というものを一般化しすぎていたようだ。金属や石材、粘土に比べてどうか、という程度のもので小学校の低学年で習うものだ。いやもっと低年齢で経験するものだろう。私には、金属や石材に比べて、弾性に富む、削りやすいため加工しやすい、燃えやすいといった程度の理解しかなかったのかもしれない。

第4節. 森から木々へ

　樹木といってもさまざまな種があり、種ごとに特性が異なることを、身をもって知ったのは、アイヌ文化のことを調べ始めてのことであった。日ごろ木材に触れる機会の多い方がたにとっては当たり前のことだろうが、樹木がその姿や体質、性格をあらわすのは、樹皮や木の葉など、目に見える姿だけではない。どうやら森というものを、顕微鏡的に拡大して、木々の一つひとつ、枝や葉の一つひと

つを丁寧に見てみる必要がありそうだ。

　たとえば弓に使う木。これは弾力が必要なことはもちろんだが、幹や枝が曲がっていては使えない。真っ直ぐに伸びていることが条件となる。このような目で近くの森の木々を眺めてみると、なかなか条件に合うようなものは見つからない。弾力にかんしても、弱かったり、ある程度曲げると折れてしまったりとさまざまだ。木であればなんでもよい、というわけではないのだ。アイヌの言い伝えによれば、イチイやマユミの木が最適だという。

　丸木舟も然り。たしかに丸木舟は大きい。だから太い大木が必要なことはわかる。丸木舟になるような大木は、開拓以前だと、至る所にありそうな気になる。しかし、当たり前のことだが、丸木舟を作るためには、真っ直ぐにのびた幹でなければならない。これが必要条件だ。

　また、樹種によっては枝が細かく分かれるものがある。この細かく分かれた枝をうまく利用した道具もある。アイヌ民族のあいだには植物の繊維を撚って細い紐を作る伝統があるが、撚った糸を巻き取っていくものは、枝先が二股に分かれたハシドイなどの枝を使う。

　樹木の利用というと、すぐ思い浮かぶのは木材としての利用であろうが、アイヌの人びとが利用したものは、木材としてだけではない。樹皮のすぐ下の靱皮の部分を布の材料として利用した樹種もある。木の実は食料となったし、葉の部分や樹皮、実は薬として利用されものもある。

　おそらく、いやほとんど間違いなく、アイヌの人びとにとっては樹種を見抜く力は生きていく上での必要条件だったに違いない。アイヌ語の植物名称について調べた研究として、知里真志保博士の『分類アイヌ語辞典－植物篇－』があるが、これによるとずいぶん多くの樹木がアイヌ語名称を持っている。必要がなければ個々の樹木を意識することはないだろうし、個別の名前で呼ぶ必要もない。それだけアイヌ語で記憶されているということは、かつて、それだけの

樹木を区別する必要があったからなのだろう。そのように考えることが自然だと思う。

第5節．ふたたび森をながめて

ここまで「森」ということで、そこに茂る木々や木の利用だけを連想してしまったが、森を考えるとき見落としてはならないことがある。それは森に生活するさまざまな動物がいること、木々の下に生い茂るいろいろな植物もあることだ。人びとは森を全体として捉え、つまり現代の言葉でいえば複雑に入り組んだ生態システムとしての森を、まるごと利用してきた。アイヌ民族も例外ではない。アイヌの人びとと森を考えるとき、この視点を忘れると重要なことを見失うように思う。

第6節．神々が住まう森

もうひとつ、森や木々をみるとき、現代に生きる私たちのほとんどが、気づかないことがある。それは森や木々と私たちとの精神的なかかわりである。森や木々が持つ精神的なもの、信仰との関係である。

たとえば二風谷に住みアイヌの人びとの間で医療行為をしながら信仰について詳しく調査したスコットランド人医師ニール・ゴードン・マンローによれば、アイヌの神々（カムイ）は天上界のみならず地上にもおり、その地上に住まう神々たちの長としてシランパカムイがあるという。それは植物の神であって、大地をしっかりと支え、また、その霊魂をほかの「植物」に分け与えているという。したがって、すべての植物には霊魂があるし、そのことは、とりもなおさず、人間と同じように感情をもっていることになるという。

もっとも、アイヌの神の概念にはいくつかの説があるし、またアイヌと植物、森との精神的な関係を知るためには、そこだけ見るの

ではなく、アイヌの人びとと神々について、もっと枠を広げて眺めてみる必要がある。その前に、いまの私たちと同じ感覚で「植物」ととらえてよいのかどうかという根本的な問題もある。森と樹木とアイヌ、そこには今の私たちが気づかない、私たちの感覚では捉えられないみごとな感性の世界があるような気がする。

　アイヌの人びとだけに限ったことではないのだが、人びとと森とのかかわりは、過去だけのものではない。現在ももちろん関係は続いている。これからも続くだろう。

　この小冊子では、アイヌの人びとも含めて、「森」と正面から取り組み、または遠くからそれを眺めながら、あるいはそれと交差しながら、アイヌの文化や歴史、生活を考えてきた人たちに、森や木々と人びととの関わりについて、日ごろ考えていることを述べてもらうことにした。

　その人たちは、大学や研究機関で長く研究してきた人に限らない。「森」をめぐり博物館や資料館で、市民の方々と直接関わってきた人たち、実際に木片を手に取り工芸を作り出してきた人たちも含まれる。いろいろな人たちの声が入りまじっている。

　そのような声の中から、森とアイヌ文化をめぐる「過去」だけではなく「今」を感じとり、そして私たちの「未来」をいっしょに考えていただけたらと思う。

第2章. 物語にみる「森」
～木々のすがた～

志賀雪湖

はじめに

　「森」や「林」を表すアイヌ語はニタイ。語源は、ニ「木」、タイ「多くのものが並び立ったところ」である。ヤム・ニタイ（栗・林）、スス・ニタイ（柳・林）のように〜ニタイ（〜林）という言い方でよく使われる。たとえば、春国岱（しゅんくにたい）は、シュンク・ニタイ（エゾ松・林）に由来した地名だといわれている。エゾ松はアイヌ語でスンクだと覚えている方もいるだろう。スンクと発音してもシュンクと発音しても、どちらも「エゾ松」を指す。

　さて、「森」では、猟をしたり山菜をとったり薪を集めたり、いろいろな生業が営まれる。そういうときアイヌの人々は「森」へ行くとは言わず「山へ行く（エキㇺネァ）」と言う。キㇺは「山」という意味だ。歩いたり採集等の仕事をしたり、神が住んでいたりする、場所としての山を表している（田村すず子1996）。日本昔話で「山へ柴刈りに……」と言い、「森へ」と言わないのと同じ感覚なのだろう。（下線は著者による。以下同じ）

第1節. 木の女神

　物語には様々な木が登場する。立ち木姿のこともあれば、人の姿となって現れることもある。つぎの物語を例に木の女神がどのように描写されるか紹介しよう。物語のジャンルは散文説話。主人公である娘（「私」）が自分の体験を語るスタイルをとる。「私」は父の言いつけで山向こうの村へ食べ物をもらいに行く。たった一人で山越しする心細さは、いかばかりであろうか……。

◆「カツラの木の女神」（萱野茂 1988、語り：貝沢とぅるしの媼）

　山越えのために少し斜面を登りはじめると、一本のカツラの木が立っていて、その立ち姿の美しいこと。枝は四方に広がり、見るからに神々しい感じです。そのカツラの木の周りには、いかにも私たちはこの木の子どもですよというように、背丈の低いカツラの木がたくさん生えていました。それを見た私は、背負っていた荷物を下ろし、腰に下げていたタシロ（山刀）を抜き、辺りに生えていた柴を切って片屋根の小屋を造りました。……造った小屋のそばで焚火をたき、たくさん生えているカツラの木のうち、姿のいい木を一本、私と同じ背丈に切りました。そして、顔の面になる部分をさっと削って白くしてから、自分のマタンプシ（鉢巻き）の半分を裂き、削った木にマタンプシをさせました。

　マタンプシをさせた棒を小屋の前へ立て、私は、

　「……私が行く道筋を守ってくださることや、神の力でたくさんの食糧を手に入れることができるようにしてほしいのです。思うように食糧が手に入ったら、家へ帰り、父に話をしてイナウ（木を削って造った御幣）とお酒でお礼をしたいと思います。カツラの木の女神よ、どうぞ私を守ってください」

　そのようにお願いをしてから荷物を背負って山を登り、別の方の沢を下っていきました。（197頁）

　娘は、カツラの木の若木から一本えらんで自分と同じ長さに切って顔をつけ、マタンプシ（鉢巻き）を半分に裂いてプレゼントする。カツラの木はまだ立ち木姿のままだが、娘は人として接しており、敬愛の情にあふれた場面だ。

　たった一人で、どんなに心細いだろうかと筆者は思ったのだが、役目を果たすことに一所懸命な娘の姿が描かれており、悲愴感はなく爽やかでさえある。娘はカツラの木の女神に道中の無事をお願いしている。そのことで心を強く持つことができたのだろう。山で一

人きりだが、精神的には一人ではないのだ。

　さて、山を下って目的の村についた娘は一泊し食糧をたくさん分けてもらって帰る。行きに休んだカツラの木のあたりに近づくと、家などなかったところに家があり、煙が立っているのを見る。煙が立つというのは中に人がいて囲炉裏に火があることを意味している。

　はたして、中には黒いマタンプシをした女神がいた。娘がマタンプシをむすんだカツラの木の棒だ。それがこの場面では美しい女の姿で登場し、マタンプシのお礼に娘を見守っていたと伝える。すると娘はお礼にカツラの木の根元に干し肉や干し魚を置く。飢饉で困っている状況なのにもかかわらず。神への敬愛の情に溢れている。

　アイヌの人々が木の神を人格あるものとして捉えていることがよくわかる物語だ。また、人が神を敬い庇護をお願いすれば、神は人を見守り助け、さらに人はそれに対してお礼をするという関係も教えてくれる。

　次に紹介する物語では、エゾマツを利用した家をつくる場面が語られている。主人公である娘（「私」）が、山でひろった赤ん坊を育てることを家族に反対され家を出る。

◆「山で赤子を拾ったが」（萱野茂1998b、語り：木村きみ媼）
　ある日のこと、私は子供と用意してあった生活に必要なすこしばかりの道具を背負って家から逃げ出し、自分たちが暮らしていた川を上流へ溯り、別の方の川へ下りて行きました。そこは広い平野があり、やや大きい沢もあって山菜なども豊富なので、そこで暮らすことに決め、<u>立ち姿の美しい太いエゾマツの根元を囲い、家にしました</u>。エゾマツの女神よ、私ども二人をお守りください、とお願いをしながら家を作り、そこで暮らしはじめました。（11、13頁）

　娘は、山で「立ち姿の美しい太いエゾマツ」を選び家にしており、先に紹介した「カツラの木の女神」の場合と同じように「美しさ」

が選ぶ目安となっている。真っすぐに成長した木は精神が良いといわれている。

　娘が作った家は「エゾマツの垂れ下がった下枝を利用するように松の葉を立てかけた家（19頁）」である。垂れ下がった下枝は風雨や雪を避けるのに最適だったのだろう。萱野茂氏は、古い時代は「我らの寝床も最初はたぶん太いエゾマツのたれさがった枝の下とか、洞窟の中であったかも（萱野1978、106頁）」と述べている。

第2節. 倒木

　倒木といえば、2004年の台風で北大のポプラ並木が20本ほど倒れたことを覚えている方もいるだろう。筆者はその数ヶ月あとに札幌を訪れたのだが、街路樹にも枝が折れた跡があり、痛々しかった。
　話は飛ぶが、東京のとあるビルの一階ホールに輪切りの木のベンチや丸太を縦に半割りしたベンチが置かれている。なんと贅沢な！ベンチを作るために巨木を伐るとは！なんともったいないことを！と近づくと、台風で倒れた巨木で作ったベンチだと説明が添えられていた。
　ポプラ並木を倒した台風ではないが、立ち木としての命を終えた巨木が、ベンチとしてあらたな命を与えられていたのだ。筆者は、ベンチを作るために巨木を切ったのかと一瞬おもったが、倒木を、いかに生かすか考える人々がいることに気づかされた。北大の倒れたポプラの木からはチェンバロが作られたと聞く。
　さて、物語には、立ち木の神だけでなく倒れてしまった木もいろいろな状況下で登場する。日本昔話を読んで特に倒木に注目することはないのだが、アイヌの物語を読むと倒木が気になってしまう。
　アイヌの人々が倒木をいろいろなことに利用していたことが分かるのだ。散文説話を見ていこう。

第3節．倒木のいろいろな利用

　つぎの物語では、シナの木の皮を剥ぎに行って野営する場面がある。倒木の枝が屋根がわりになり、枝を薪にし、シナの木の皮は背負い袋や荷縄などを作る材料となる。

◆「私は石狩に住む女です」（田村すず子1988、語り：平村つる媼）
　<u>根こそぎ倒れている</u>、<u>大きな太い木</u>、<u>葉がいっぱいついた木</u>がありましたが、<u>その葉がいっぱいついた木のこずえのところに泊まったら</u>、実にいいあんばいらしく、その辺を歩き回りますと、そうした様子ですから、それから、その葉のいっぱいついた木は、<u>夏に倒れた、葉のいっぱいついた木</u>ですから、葉も乾き、木も乾いていたのを、私は木を切って切って、天をこがすような<u>大きな火をたいて</u>、それからさっきの私の<u>シナの木の皮を背負って</u>はどんどん運んで来て、火のそばにいっぱい積んで、それから炊事をして食べました。(75頁)

　倒木は、野営の際の薪となる。生木と違って、適度に乾いており、薪として利用するには最適だ。普段の生活でも薪として使われていたのだろう。倒木は無駄なく利用されていることが分かる。しかし、つぎの物語のように枯れ葉の下には、クマがひそんでいることもあり、危険な場所でもあることを教えられる。

第4節．倒木に潜むもの

　つぎに、倒木と危険が背中合わせとなった場面を紹介しよう。主人公である娘（「私」）は山菜を採ったり小魚をとったりして、山で赤ん坊を育てているが、倒木の近くでクマに襲われそうになる。

◆「山で赤子を拾ったが」(萱野茂 1998b、語り:木村きみ媼)

　薪を取りに家から出て行きました。すこし行って、夏に風で倒されたらしい枯れ葉の付いた木の近くで、薪を取りながら辺りを見ると、枯れ葉の下に、大きなクマが私の方をそっと窺っているのです。……私は素知らぬふりで、独り言を言いながら枯れ葉の木の上へ行き、手に持っていた鉞(まさかり)でクマの頭を斬り割ったのです。(13,15頁)

　倒木はこのように、人を襲うクマが潜む場所として語られることも多い。山歩きをする人、アイヌ文学に親しんでいる人なら、倒木の陰からクマが飛び出してくるかもしれないとハラハラするだろうし、そうでない人なら、クマの襲撃に驚くだろう。「倒木」の場面が物語に緊張感を与えている。
　この時は勇敢にも熊を倒した娘だが、その後ふたたびクマに襲われ瀕死の状態となる。いちど助かっただけに、読者の落胆の声が聞こえるようである。エゾマツの木の女神がずっと娘を見守っていたのだが、クマの執念がそれをうわまってしまった。

第5節. 倒木とクマ神への罰

　つぎに人間を襲ったクマの言伝えを紹介しよう。クマはキムンカムイ(山の神)とよばれ、人間に肉や毛皮をもたらす賓客として、たくさんの供物やイナウとともに祭られ、魂は神の国へ送られる。そして、神の国へ帰ったクマの魂は再びクマの衣装をまとい人間界を訪れると考えられている。
　しかし、次の話では人を殺したクマが登場する。そんなクマは化け物としてあつかわれる。なお、萱野茂氏が昔話風にまとめなおし『カムイユカラと昔話』(萱野1988)にも紹介された実話である。

◆「着物の片袖」(萱野1998a、語り:貝澤前太郎翁)

クマが三人の目の前へ飛び出てきました。クマを見た女はたいまつをさっと振り上げると、クマは人間のように立ち上がり近づいてきたそのクマの口へ、兄の方が槍で突きました。弟は……クマの心臓を槍で一突き、その一突きでクマはどたっと倒れ死んでしまいました。
　死んだクマに大声で悪口を言いながら小便をひっかけ、大便をかけるなど、人を食い殺したクマに対する人間の側からの仕返しをしていました。……兄を殺した化け物クマは、皮も剥がさずそのまま首を切り落とし、その頭を木の切り株の上へ反対に置き、その上へ鳥とかもろもろの化け物が、大便をかけるようにと言ってやりました。肉の方も、風倒木とか、木の切り株に配りました。(55,57,59,61 頁)

　人を殺したクマはこのように懲らしめられ、その魂は神の国へ帰ることができないという。糞尿は神がもっとも嫌い、悪神をも弱らせるものだと考えられている。また、朽ちていく倒木には、化け物を封じ込める力があると考えられているのだろう。倒木とともに腐るという罰が与えられている。萱野氏は「人に食べてもらえないクマは神として復活することができない (1998 d、168 頁)」とも述べている。

第6節．物語における倒木の機能

　倒木は、物語において場面展開の機能をもっている。これについては、すでに奥田統己氏が『静内地方の伝承』Ⅰ、Ⅳ（静内町教育委員会 1991、1994）で指摘している。織田ステノ媼のユカラでは、「戦いを終えた主人公が倒れ木に腰をかけて休む」場面があり、主人公が安心し、あるいは戦闘を思い返して涙し、戦闘の緊張から解かれたことを象徴しており、たしかに倒木が場面展開の区切りの機能を果たしているといえる。
　そこで、最後に散文説話における倒木の機能について考えたい。

第7節．倒木の橋

　倒木が自然の橋として利用されている場面を紹介しよう。飢饉になった村の家族がアッマという村へ食べ物をもらいにいく物語で、主人公の男（「私」）の体験談として語られている。

◆「四つ爪のクマ」（萱野茂1998c、語り：木村きみ媼）
　私は妻と二人の子どもを連れ、アッマへ行くことにして、途中で野宿しながら行きました。途中に川のようなところを渡るのに、以前から<u>太い太い風倒木が橋になっていて</u>、その橋を渡って行くものであったが、それはそのままになってありました。子供たちのことが心配なので先に渡らせ、妻も先に行かせ、私が後から渡りはじめました。(9,11頁)

　風倒木の橋を一人ずつ渡る場面が、飢饉という状況におかれた家族の不安定さも醸し出している。妻子に橋を渡らせたあと「私」も渡りはじめ、読者が安堵しそうになったそのとき、「私」は産卵を終えたサケに呪いをかけられそうになる。安堵から緊張への急展開。これは倒木というだけでなく、橋のもつ不安定性でもあるだろう。
　織田ステノ媼のユカラでは「倒木」に腰掛ける場面が、戦闘を終えた「安心、緊張からの開放」を象徴している。一方、沙流地方の散文説話の「倒木」の場面は生活利用の対象であることを示すほかに「緊張と不安定な状況」を象徴するとも言えそうだ。

まとめ

　以上、物語に登場する木の神の姿、「倒木」のいろいろな利用、物語における場面展開の機能に着目して、いくつかの物語を紹介し

た。紹介しきれなかった物語もあり、部分的な紹介になってしまった物語はぜひ読んでいただきたいと思う。

<h3 style="text-align:center">＜引用文献＞</h3>

1. 萱野 茂『アイヌの民具』(すずさわ書店、1978年)
2. 萱野 茂『カムイユカラと昔話』(小学館、1988年)
3. 萱野 茂『萱野茂のアイヌ語辞典』、三省堂、1996年)
4. 萱野 茂『萱野茂のアイヌ神話集成』(第4巻第2話、ビクター、平凡社、1998年a)
5. 萱野 茂『同上』(第5巻第1話、ビクター、平凡社、1998年b)
6. 萱野 茂『同上』(第6巻第1話、ビクター、平凡社、1998年c)
7. 萱野 茂『同上』第10巻、ビクター、平凡社、1998年b)
8. 久保寺逸彦『神謡・聖伝の研究』岩波書店、1977年)
9. 静内町教育委員会『静内地方の伝承Ⅰ』(1991年)
10. 静内町教育委員会『静内地方の伝承Ⅳ』(1994年)
11. 田村すず子『アイヌ語音声資料5』(早稲田大学語学教育研究所 1988年)
12. 田村すず子『アイヌ語沙流方言辞典』草風館 (1996年)

<h3 style="text-align:center">＜参考文献＞</h3>

1. 知里幸恵『アイヌ神謡集』(炉辺叢書、郷土研究社、1923年)(岩波文庫版、1978年)
2. 知里真志保『アイヌ文学』(元々社＜民族教養新書＞1955年)
3. 金成マツ 筆録・金田一京助 訳注『ユーカラ集Ⅰ～Ⅸ』(三省堂、1959～1970年)(註：Ⅷ、Ⅸの筆録は金田一京助による)
4. 更科源蔵『アイヌ民話集』(北書房、1963年)
5. 浅井亨『アイヌの昔話』『日本の昔話2』(日本放送出版協会、1972年)
6. 浅井亨『日本の民話 北海道』(ぎょうせい、1979年)
7. 久保寺逸彦『アイヌの昔話』(三弥井書店、1972年)

8. 久保寺逸彦『アイヌ叙事詩 神謡・聖伝の研究』(岩波書店、1977年)
9. 久保寺逸彦『アイヌの文学』(岩波新書、1977年)
10. ポン・フチ『ユーカラは甦える』(新泉社、1978年)
11. 萩中美枝『アイヌの文学ユーカラへの招待』(北海道出版企センター、1980年)
12. 知里真志保『アイヌ民譚集』(岩波文庫、1981年)
13. 知里真志保『知里真志保著作集一、二巻』(平凡社、1981年)
14. 砂沢クラ著・切替英雄編『私の一代の思い出〜クスクップオルシベ〜』(みやま書房、1983年)
15. 大塚一美 編訳『キナラブックロ伝 アイヌ民話全集1』(北海道出版企画センター、1990年)
16. 片山言語文化研究所『カムイユカラ』(1995年)
17. 中川裕『アイヌの物語世界』平凡社ライブラリー (1997年)
18. 萱野茂 採録・解説・姫田忠義 対談(聞き手)『新訂 復刻 ウウェペケレ集大成』日本伝統文化振興財団、2005年)
19. 稲田浩二編『アイヌの昔話』(ちくま学芸文庫、2005年)
20. 中川裕『カムイユカラでアイヌ語を学ぶ』(白水社、2007年)

第3章. アイヌ文化のなかの植物
～物語や伝承にみられる植物の生態～

内田祐一

はじめに

　アイヌ民族の伝統的な生活において、植物は食用、薬用、生活用具や祭祀具の材料、建築資材、まじないなどさまざまに利用された。このような植物のアイヌ語名称は、とげのあるハリギリをアユシニ（「とげのある木」）、甘みのある樹液を採取できるイタヤカエデをトペニ（「乳汁の木」）、杓子などの生活道具の材料となるマユミをカスプニ（杓子の木）と呼ぶなど、その植物の生態や特徴、あるいは用途に由来するものも多くみられる。

　また、イケマのようにアイヌ語名称がそのまま日本の植物名になっている事例もある。なお、アイヌ語には方言があり、植物名称についてもこのイケマが北海道東部ではペヌプと呼ばれるなど地方によって違いが見られる。

　ところで、植物はアイヌ民族にとって動物や自然現象などと同様にカムイ（神）として位置付けられており、物語のなかでも神格を持ったカムイとして、あるいは現実世界の植物そのものの姿で登場する。このような物語や伝承などに植物が登場する場合、そのシチュエーションをみると、そこにはその植物の生態的な特徴を理解した上で、それに合うような内容構成になっているものが見られる。例えば、物語にある植物が登場する場合、その物語の構成自体がその植物の生態的特徴を基にして構成されていたり、また、物語のストーリーの中に直接、あるいは間接的にその植物の生態が見え隠れしたりすることがある。

　そこで、本稿では植物が物語や伝承において、実際の生態の知識が背景となって扱われている事例を紹介していきたい。

第1節．クリの伝承と生態

　筆者がアイヌ文化について学び始めたころ、十勝在住のアイヌ文化伝承者のエカシ（翁）からさまざまなお話を伺い、多くのことを学ばせていただいた。そのエカシに植物のお話を伺っているなかでクリについて触れた際、クリのアイヌ語名はないと言われて戸惑ったことがあった。エカシがおっしゃるには、昔、十勝でクリを見たことがなく、それ故クリにあたるアイヌ語がないとのことであった。調べてみると、確かにクリの分布は北海道南西部あたりまでで、十勝には自生していないことになっている。自生する地域ではクリの木をヤムニ、クリのいがをヤムライタと言うが、自生しないのだからこの地域では名称がないのは至極当然のことである。この出来事はアイヌ文化、特に動植物との関係を考える際には、その生態や習性についても理解しておく必要があることを改めて思い知らされたできごとであった。

　さて、このクリが構成要素のひとつになっている口承文芸のなかに日高や胆振で伝承されている次の物語がある。なお、この物語はカムイユカㇻ、メノコユカㇻなどと呼ばれる口承文芸のひとつで、カムイ（神）が主人公となり自らのことを語る内容となっている。メロディやサケヘというリフレインがつくのが特徴で「神謡」と訳される。

＜ポロシリ岳のカムイの息子の話＞（幌別に伝承された神謡）
　アヨロのカムイの一人娘がポロシリ岳のカムイの妻となって暮らしていたが、夫がイシカリのカムイの娘と浮気をしたため、家を出て行く。住む場所を探している途中に妊娠していることに気付き、和人の国で男の子を産んで愛情を込めて育てていた。和人の国ではおもにクリを食べて暮らし、子どもはすくすくと一人前に育った。そんなある日、母は息子に父親はポロシリ岳の偉いカムイであるこ

とを告げる。そして、一人前になったのだからアイヌの国の父の元へ行き、ポロシリ岳のカムイの跡を継ぐように諭す。母は父の元へ行くにあたって「アイヌの国にはクリがないのでクリを持って行き、アヨロにある自分の実家に半分を置き、残りはポロシリに持っていって撒きなさい」と言う。息子は母の言うとおりにクリの入った俵を背負ってアヨロに行き、祖母に会ってクリをアヨロの周辺にばら撒いた。それから半分のクリを持ってポロシリ岳へ向かい、父親に対面した。父親であるポロシリ岳のカムイは、息子を抱きしめ涙ながらに今までのことを詫び、今後は息子がポロシリの山を守って暮らすように伝える。そして、父親はカムイの国へと旅立ち、息子はその後、カムイの国から来た美しい女性と結婚してなに不自由なく暮らしている。(知里真志保 1976『クリ』の項より要約)

　この物語は、アイヌ文化の著名な研究者である知里真志保が幌別で記録したものである。物語の内容について知里は「栗はアイヌ固有のものでなく、日本内地からの移入であるとする神話」と記している（知里真志保 1976『クリ』の項）。しかし、この物語のクリの役割を考えると、単に「内地からの移入」といよりも、和人地から人によって運ばれ分布範囲が広がった木という設定になっていることが読み取れる。クリが和人地、つまり本州から人の手によって北海道に伝わったかどうかについてはその道の専門家にお任せするとして、少なくともこの物語が成立していく過程において当時のアイヌ社会の中ではクリの分布拡大に人がかかわりを持っていたという認識があり、そのためにこのような構成内容になっていったと考えることができるのではないだろうか。つまり、ここでは人びとの生活とクリの分布の関連性が織り込まれているという見方もできるよう。
　さらに、この物語にはもう一点興味深い内容が読み取れる。それはポロシリ岳の息子の移動範囲である。
　この息子は和人地からアヨロ（現在の白老町虎杖浜付近）を通

写真1. クリの木（内田祐一撮影）

ってポロシリ岳に到着している。また、平取に伝わる類話では、和人地からフップシ（現在の千歳市の風不死岳か?）、平取、ポロシリ岳というルートを通っている（萱野 茂 1974）。このポロシリ岳とは、内容を考えても日高山脈の日高幌尻岳か十勝幌尻岳であろうが、ど

では、アイヌの人たちはクリの分布域についてどのように考えていたのであろうか。それにつては次のような伝承が残されている。

・十勝地方等栗の樹が無いのに就いては昔、夫婦の神が口論の末、一方が怒って食物を投げ棄てた。それが栗の木に化成したので、十勝には落ちなかつたから当然見る事は出来ない。（十勝）
・シシリムカ地方に栗の樹のあるのは十勝からポロシリ岳の神が持って来て投げた為で、十勝にはなくなった。（沙流）

以上（吉田 巌 1916）

　このようにクリの自生しない十勝地方、そして自生する沙流地方の両方にクリの分布域に関する伝承が残されている。特に沙流の伝承はポロシリ岳の神が登場し、この物語と関係がありそうで興味深い。これらの伝承からもわかるように、少なくとも日高、十勝においてクリの分布域については、自然に対する知識のひとつとしてある程度は人々に知られていたと思われる。

　さて、この物語の基本的な内容は、ポロシリ岳のカムイの息子の身上話であり、クリはあくまで物語の構成要素のひとつでしかな

い。とすれば、ここにクリの話は無くても良いし、また別の植物でもかまわなかったはずである。では、なぜクリなのか。その答えのひとつとして推測できるのは、物語が成立する過程のどこかの段階で、ポロシリ岳の息子の行動と自然に対する知識を考え合わせ、そのシチュエーションに合うような生態や分布域を持ったクリを登場させていったのではないかということである。また、逆に考えると、クリの分布の境界の知識がもとになってこの物語自体が構成され、成立していったとも推測することができる。どちらにせよ、この物語はクリの生態や分布範囲など、植物の知識がもとになって構成されていったと考えられる。

第2節．創世話にみる植物

　世界のさまざまな民族の神話等に創世話が伝わっているが、その構成要素に植物が関わっていることが多い。アイヌ民族に伝わる創世話のなかのひとつに、コタンカヮカムイ（国造りの神）がこの世を作ったときにこの世に生えた植物として、最初に樹木はドロノキ、草本はワラビが生え、次にハルニレとヨモギが生えたという話がある。そして、このドロノキからは魔神類が生まれ、ハルニレからは善神類が生まれたという（名取武光 1941）。

　ドロノキはアイヌ語でヤイニ（「ただ（普通）の木」）、あるいはクルンニ（「魔神のいる木？」）とも呼ばれており、その名前の通りアイヌの人たちの生活の中ではなにかに利用されることはなく、価値のない木として扱われている。また、ワラビはトゥワと言い、同じように利用価値はあまりない。

　これに対しハルニレはアイヌ語で「我らこする木」という意味のチキサニと呼ばれ、この木で発火具が作られていたのではないかと考えられている。物語の中では美しい女神として登場し、カンナカムイ（雷の神）がこの女神のあまりの美しさにみとれて天空からこの木に落ちたためハルニレの女神が懐妊し、アイヌラックルという

文化神が生まれたとも伝えられている。また、靭皮を採取して紐やアットゥシの材料として利用したと言われている。

　ヨモギはノヤと言い、葉は食用のほか傷薬や虫除け、茎は串や矢の矢柄などに利用されたが、それ以上に霊力の強い草としてまじないや魔除けに使われた。

　さて、この伝承のポイントは、「この世に最初に生えた植物」と「植物利用の位置付け」という点にある。つまり、この物語がいつ成立したのかは不明だが、成立する過程でこの世に初めに生えた植物にふさわしく、しかも利用の頻度に違いがあるものという視点からドロノキ、ワラビ、ハルニレ、ヨモギが選ばれたと思われる。では、なぜこれらの植物でなければならなかったのだろうか。その理由のひとつとして考えられるのが、それぞれの植物が持つ生態的特徴である。

　ドロノキはヤナギ科でパイオニア樹種（裸地に最初に侵入して生育する種類の樹木）のひとつであり、荒れ地や痩せ地にいち早く生

写真2. ドロノキ（内田祐一撮影）

写真3. ハルニレ（内田祐一撮影）

写真4. ワラビ（持田誠氏撮影）

写真5. ヨモギ（内田祐一撮影）

育する。柔らかめな材質のため、アイヌの人たちも道具の材料、あるいは建築材として不適としていた。

　ハルニレは陽樹で、森の端の方で日当たりのよい場所に生育し、純林をつくることもあり、また萌芽力の強い樹種として知られてい

る。アイヌの人たちにとっては火と関係する木であり、前述のように繊維利用もみられる。

　ワラビは火事やなんらの理由で攪乱した日当たりの良い場所に生育する。現在ではワラビは山菜のひとつとしてよく採集されているが、かつてのアイヌ社会では多少は食用にしていた程度で利用頻度は低い。

　ヨモギはなんらかの理由で表土がはがされた荒れ地に生え、群落をつくることが知られている。また、前述の通りアイヌの人たちの生活の中では利用頻度が高く、食用、薬用、信仰など生活の中でさまざまに利用される。

　このようにみてくると、樹木についてはパイオニア樹種や陽樹、萌芽力の強さという生態が「この世に最初に生えた木」、さらには「最初にドロノキ、次にハルニレ」というイメージを喚起させたとも考えられる。

　また、アイヌの人たちの伝統的なコタン（集落）は、河川や海岸近くに分布していた。そして、ドロノキやハルニレは河畔林を構成する樹種でもある。つまり、このような河畔にみられる樹種のほうが他の樹種に比べ、人びとの暮らしの中においては比較的身近な樹木であったはずである。

　また、草本については、ワラビにしてもヨモギにしてもなんらかの理由で荒れ地や攪乱した地に生育し、またヨモギは群落を形成することがあるため、「この世に最初に生えた草」というイメージが作り出されたと考えられる。

おわりに

　アイヌ民族の伝統的な生活において、自然と人とは常に相互に関係する存在であり、祖先から受け継がれた知識を背景にしてその自然を観察し、そして利用してきた。その知識は実生活の利用に供されるのみならず、物語や伝承に登場する自然にも織り込まれてい

る。本稿でも紹介したように、物語や伝承で扱われている自然、特に動植物の場合には、登場自体、あるいはその行動などにおいて、その生態に裏打ちされた必然性が存在する場合がある。それらを理解するには、自然科学の目からのアプローチが必要である。このことは先達の研究者などによっても指摘されてきたことではあろうが、自然とアイヌ文化との関係を捉える上で、最新の自然科学の研究成果をもとにした新たなアプローチが必要であろうと考えている。

＜引用・参考文献＞

1. 吉田巌『アイヌの植物説話』(『人類学雑誌』第三十一巻第四号、日本人類学会、1916年)
2. 名取武光『沙流アイヌの熊送りに於ける神々の由来とヌサ』(『北方文化研究報告』第四輯、北海道帝国大学、1941年)
3. 萱野茂『ポロシルン・カムイ・ポホ・アネ』(『ウエペケレ集大成』第1巻、アルドオ、1974年)
4. 知里真志保『分類アイヌ語辞典 動物編・植物編』(『知里真志保著作集』別巻Ⅰ、平凡社、1976年)
5. 鮫島惇一郎・辻井達一『北海道の樹』(北海道大学図書刊行会、1979年)
6. 福岡イト子『アイヌ植物誌』(草風館、1995年)
7. 内田祐一・池田亨嘉『アイヌ語で自然かんさつ図鑑』(帯広百年記念館、2003年)
8. 斉藤孝夫『北海道樹木図鑑』(亜璃西社、2006年)

第4章. アイヌ女性の森林利用
～植物からつくられたもの～

津田命子

第1節. アイヌ文化と自然

　先住民である我々アイヌは自然に生かされてきた。海や山、河川、森林、草原という自然がアイヌを活かしてきた。自然は食料庫であり、家をはじめ舟、臼、織機、狩猟具などをつくる素材を提供してくれていた。自然の野山。湖沼、河川には多様な植物や動物がはぐくまれ、そこからアイヌは生活に必要なものをいただいて暮らしてきたのである。

　本稿では森を利用する様々な仕事のなかで、樹皮衣の素材を中心にアイヌ女性が担ってきた仕事の内容と自然との関わりについて注目してみた。

第2節. アイヌ女性と自然との関わり

　アイヌ女性がつくり出してきた日用品には多様な自然利用がある。日常的に利用する衣服・敷物・袋物・紐類などが動物・植物の利用でまかなわれていた。「本州アイヌの歴史的展開」(『金田一京助全集』12,1993,所収)によると、衣服は毛皮類や魚皮などが先行したという。

　『アイヌ民族誌』(1969)によると、樹皮・草皮から靱皮を採取して製糸し、織機に掛けて反物とし切り分け縫合して仕上げた衣服が、毛皮の衣などと並行して利用されてきたという。

　樹皮で作られた衣服を樹皮衣、草皮で作られた衣服を草皮衣という。樹木や草の強靭な繊維を靱皮というので、それらの繊維で作られた衣服を靱皮衣(以下、アットゥシ)と呼んでいる。

樹皮繊維はオヒョウニレ・シナノキ・ハルニレ・ツルウメモドキ、草皮繊維はオオバイラクサ・ムカゴイラクサなどである。

第3節．樹皮からつくられた衣服

　樹皮から繊維を採取し主に衣服を製作した。オヒョウニレの樹皮繊維をアイヌ語でアツ (at) と云い、作られた衣服をアットゥシという。金田一京助「アイヌの人々」(『金田一京助全集』第12巻、1993年、所収)によると、「アッの木の乏しい樺太地方ではイラ蕁麻（イラクサ）の繊維で織るレタㇻペが用いられる。其のほか、北海道中には春楡 (chikisani: ハルニレ) の皮から製するニカパッツシ、科 (シナ) の樹皮から製するニペシというものなどがある」という。このように衣服の素材によって呼び名が与えられ、その呼び名によって作られた素材が明らかであった。
　私が2007年あたりまで調査した衣服は230点である。このうちアットゥシは97点である。この素材の内訳は92点がオヒョウニレ製、ハルニレ製が1点、ハルニレかもしれないものが1点、ツルウメモドキ製が1点、ツルウメモドキかもしれないものが1点、シナ製の可能性のあるもの1点である。その多くがオヒョウニレの繊維でつくられたアットゥシであった。このようにアットゥシといえばオヒョウニレで作られたものが、圧倒的に多かったせいであろうか、近年、樹皮素材で作られたものをアットゥシと総称する傾向がある。

第4節．樹皮の処理工程

　アイヌの先祖はどのような体験からこの繊維を知りえたのだろうか。これは経験してみなければとオヒョウニレとシナノキの樹皮を入手したが、ハルニレは入手できなかった。私は、なんとか処理して繊維を採取して、繊維標本をつくりたかった。

だが残念なことに私の家は街中で、近くに温泉も河川もない。考えた末にプラスチック製の衣装櫃に水道水を張り樹皮を丸めて入れ、上からゴミ袋を広げて水面に張りその上にベニヤ板を置いた。その隙間から60度前後に保つようなサーモスタット付きのヒーターを入れて夏の暑い時期に10日前後おいたのである。

　その間、樹皮を温水から上げることなく寝かせて漬け込んだ。温水を時々かき回しつつ樹皮の上下をいれかえた。樹皮の温水が橙色に変色し異臭を放つようになると、発酵した状態となり樹皮が柔らかくなる。樹皮が柔らかくなるということは、内皮と内皮を糊のようにしっかりとつないでいた膠着成分が発酵によって分解したということなのである。

　この膠着成分を流水で洗い流すのである。その際、揉み洗いをすると繊維がちぎれて弱くなるので、たたむように押し洗いする。そうとはいえ樹皮なので、腕の力が必要な上、水道を出しっぱなしにして洗い流したため、その月の水道代が3万円となり、「漏れているのでは？」と水道局から調査がはいったのである。

　現代社会の、特に街中でアイヌの伝統的な技の実践に取り組もうとすると、様々な制約に遭遇するものだとおもい知らされた。古来、アイヌは樹皮が流失しないよう川縁の立木に縄を結びつけて、その先に発酵した内皮を結びつけて、川の流れに泳がせて膠着成分を洗い流したからである。

　膠着成分をあまりに流しすぎると、繊維が弱くなるので、内皮が1枚毎に分離するような状態で引き上げて乾燥させる。1枚毎に分離されたものを更に、約5ミリに縦に裂いて繊維とする。

第5節．靱皮衣の素材

　アットゥシをつくる樹皮素材にはオヒョウニレ・シナノキ・ハルニレがある。ツルウメモドキ（潅木）の繊維も素材になった。レタラペはイラクサの繊維が素材になっている。オヒョウニレの繊維は

網目状である。

　オヒョウニレはシナノキに比較して縦方向の引っ張りに弱く、捩れに強い衣服に適した繊維である。シナノキの繊維は引っ張りに強く、オヒョウニレに比較して捩れに弱い。衣服よりも縄や紐に利用される頻度が高い。ハルニレはオヒョウニレやシナノキに比較して捩れにも引っ張りにも弱いことがわかった。オヒョウニレの繊維は衣服に、シナノキの繊維は縄や紐に利用されてきた。繊維の持つ特性により、適材適所の用途に利用されたことがわかる。ハルニレは双方に比較して劣るので利用が減少したと考えられる。

第6節. ハルニレとの出会い

　2002年の春であったとおもうが、旭川市博物館のご好意で、水に漬け込まれたハルニレの樹皮が郵送されてきた。早速温水を用意して温水のなかに浸けた。樹皮を移動させる時点で空気に触れ、樹皮の色がいくぶん濃い赤に変化した。その後、発酵と膠着成分の処理はオヒョウニレの樹皮処理工程と同じように行い乾燥させた。乾燥したハルニレは赤味が濃く、艶がなく、少々毛羽立ちオヒョウニレやシナノキよりも弱い繊維であった。ハルニレで作られたアットゥシは旭川市博物館所蔵の資料番号4141のものとなっている。『旭川市博物館所蔵資料目録Ⅸ』(1997)に「材質　ハルニレ」と報告されているからである。ところが、ハルニレの標本が皆無であったため、ほんとうにそれがハルニレでつくられたものかどうか誰にも判定できなかったのである。出来上がったハルニレ標本と資料4141を並べ、肉眼で観察したところ、この資料の材質がハルニレであると私が確認した。

第7節. ツルウメモドキのアットゥシ

　「あのアットゥシの素材ツルウメモドキではないか？」というお話

を国立民族学博物館教授（当時）佐々木利和先生からいただいた。東京国立博物館所蔵で資料番号 39115 の広袖・縦縞のアットゥシである。二度熟覧して材質がツルウメモドキあると確認した。襟首の内側と背面施文の一部分に茶色の色が脱色し白い繊維が確認された。オヒョウニレやシナノキは元来茶色で脱色して白になることはまったく無い。資料番号 39115 のアットゥシは白の繊維を染めて作られたか、あるいは白の反物を茶色に染めたかである。このわずかな色落ちを確認して繊維標本と照合しツルウメモドキであると判断した。

高崎染料植物園石原典子主任技師にご教示いただいたところ「汗の成分の中に酢に変化する成分があって、草木染めの場合、汗を洗わずに放置すると脱色することがある」ということであった。ツルウメモドキのアットゥシかもと指摘された佐々木利和先生の眼力はすばらしい。それを確認できた私は幸せ者である。ツルウメモドキは、極寒期にその年成長した枝を採取して、暖かい室内で皮を剥き、その皮の内側から繊維をはがすだけで、発酵などの処理を必要としない。

これで、千島・樺太以外についてはオヒョウニレが大部分を占め、そのほかハルニレ、シナノキ、ツルウメモドキの繊維でも衣服が作り出されていたことがわかった。

第8節. イラクサ繊維の利用

北海道アイヌはイラクサを縫い糸として多用したが、樺太アイヌは衣服素材として利用した。『原色牧野植物大図鑑』(1980) によると樺太にもオヒョウニレが自生したとある。しかしなぜか樺太ではイラクサのレタラペを作りだし、北海道ではイラクサの衣服が見当たらない。樺太千島交換条約（1875）が締結されると現江別市の対雁に移住させられた樺太アイヌは樹皮素材でアットゥシを作りだしている。北海道より北の樺太ではオヒョウニレの生育が遅いのかも

しれないと推察する。

　通称噴火湾（内浦湾）周辺で襠（マチ）を伴う木綿衣が作り出されている。襠はこの地域の特徴である。その木綿衣の刺繍の芯糸にオヒョウニレ、シナノキ、イラクサの繊維を撚糸にしたものを使用している。樹皮糸はそのままだが、イラクサは白いためか、なにかで紫色に染めてある。前述したツルウメモドキもなにをもって茶色に染め、どのように染色したかまったく不明なのである。

第9節．自然は食料庫

　衣服や日用品の制作素材を提供されるばかりか、食料も自然の恵みであった。アイヌ女性は季節毎の旬の食材を家族が一年中利用できるほど採集し、主に乾燥保存した。現在スーパーなどで販売されているギョウジャニンニク、アズキナ、フキなどの山菜や川魚、季節的に遡上するマスやサケなど一年中の食材を計画的に採取保存して利用してきた。アイヌは一年中家族が暮らせるほどの必要量を採集保存していたのである。アイヌは食料庫である自然を大切にしてきた。小さなものまで採らない、また採り尽くさない。今年採取した場所は三年ほどは採取しないで休ませるという気配りをしていた。

　よく「アイヌは必要な分しか採らない」という言葉を耳にする。アイヌ文化を知らない人がこの言葉を聞くと「アイヌはその日暮らしなんですね」という質問になって返ってくる。そうではなく、保存することも含めて一年間の必要量なのである。

おわりに

　私は40歳を過ぎてからアイヌの先輩女性たちにご指導をいただいた。暮らす地域が異なっていても、先輩女性たちから「草や木も虫も人も、この世界にあるものすべて神々がつくった魂あるもの

だ。人間だけが偉いのではない。人も世界の一部なのだよ」という考え方を伝えられ、様々な技術を伝授していただいた。伝授された技術はどれもアイヌの先祖から伝えられた無駄の無い練成されたものであった。それらは自然がアイヌ（人間）に身を差し出して「よく考えて利用しなさいよ」と導いてくれたのだと深く思われ、感謝にたえないのである。

＜引用・参考文献＞

1. 金田一京助『金田一京助全集12』（三省堂、1993年）
2. 児玉作左衛門『アイヌ民族誌』（第一法規出版、1969年）
3. 旭川市立博物館 編集『旭川市博物館所蔵品目Ⅸ』（旭川市立博物館、1997年）
4. 『原色牧野植物大図鑑』（北隆館、1980年）
5. 知里真志保『分類 アイヌ語辞典』（平凡社、2000年）

第5章. 森の動物クマと信仰

秋野茂樹

はじめに

　北海道に棲息する陸獣のなかで最も大型であるヒグマ（以下「クマ」とする）。その生息域は森林地域をふくめて考えてよいだろう。あとに記すように、アイヌの人々の考え方にも、クマが住むところとしての山すなわち森があったようだ。そこで、森に暮らす動物としてのクマ、そして神としてのクマに対する信仰について、詳しく取り上げてみたい。

　北海道の歴史をさかのぼれば、土器や石器を使用して生活していた時代から、クマは人々から意識される存在だったようだ。たとえば、続縄文時代（5～7世紀頃）の恵山貝塚からは、クマの形をした把手のついた土器が出土している。オホーツク文化の時代（5～11世紀頃）の住居にはクマの頭骨の集積がみられる。また、擦文文化の時代（7～12世紀頃）のオタフク岩陰洞窟（羅臼町）からは、複数のクマの頭骨が見つかっている。これらの遺跡・遺物から、当時の人々がクマに対して特別な想いを持っていたことだけは確かであるといえるだろう。

　この擦文・オホーツク文化の時代に連続して一つの特徴ある文化を担ってきた人たち——アイヌもまたクマを信仰の対象としていた。そして、クマにかかわる儀礼も最重要かつ最大のものであった。

第1節. アイヌの世界観

　アイヌは、カムイモシリ（神々の住む世界）、アイヌモシリ（アイヌ＝人間の住む世界）、ポクナシリ（あるいはカムイモシリなど。死後の世界）という三つの世界を創造し、アイヌモシリでの日々の生

活においては、神々と不離密接な関係を持っていた。

　アイヌの神々には、山や川、海、太陽、月、風、水といった、我々のいう自然、クマやキツネ、タヌキ、ウサギ、ヘビ、シマフクロウ、カケスなどといった動物、カツラ、ヤナギ、ミズキ、ハルニレといった樹木や、ギョウジャニンニク、オオウバユリなどの山菜、さらには、鍋や小刀、ゴザ、舟など、日常生活に必要とする道具類など、アイヌが生きていくために必要とするものや役立つもの、また、地震や雷、流行病など、アイヌの力の及ばないものがあり、人々は、それらを神として尊崇あるいは畏怖した。これらの神々のうち、動物・植物・道具類の神々は、普段は、カムイモシリでアイヌと同様の姿形・生活をしているが、アイヌのために役に立つという役目をもってアイヌモシリを訪れる。そのとき、神々はアイヌモシリに滞在するための姿形に化身する。たとえば、クマ神（一般的には山の神＝キムンカムイと呼ばれる）は、カムイモシリの自分の家にある毛皮と爪を着けてクマの姿となり、アイヌモシリを訪れるのである。人々は、来訪したクマ神を丁重にお迎えし、土産として持参した毛皮と肉をいただくのである。カツラの神であれば、アイヌモシリではカツラの木に化身し、アイヌはその体を舟材などとして利用することになるのである。

　このようにしてアイヌモシリを訪れた神々であるが、その役目を終えると、神々はふたたびカムイモシリに帰ることとなる。その際、アイヌは儀礼を執り行い、神々にたくさんの土産を持たせて送り帰す。この儀礼が「霊送り」といわれるものである。

第2節．クマの霊送り儀礼

　アイヌの霊送りのなかでよく知られているのがクマの霊送り（以下、「霊送り」という）で、その形態には、①山野で射止めたその場、あるいは狩猟小屋にて送る、②射止めたクマを集落に持ち帰って送る、③冬期間の巣穴猟で親グマを射止めるとともに、仔グマを

捕獲した場合、親グマを①ないしは②の形態で送った後、仔グマを1〜2年集落で養育した後に送る、という三様がある。このうち①及び②の送りを「ホプニレ」「オプニレ」「カムイオプニレ」「オプニカ」、③の送りを「イオマンテ」あるいは「イヨマンテ」といっている。この③の送りは、江戸時代に記された紀行文などにも散見され、古くから「イヨマンテ」あるいは「熊祭」「熊送り」などと呼ばれ、つとによく知られているものである。

　ちなみに、仔グマの養育は、捕獲当初は人間の乳を与える。成長するにつれて、屋外に設けたヘペレセッ（檻）に入れて、人間と同様の食べ物を与えるのであるが、そのヘペレセッの位置は、常に屋内から見えるところにあり、霊送り儀礼当日に至るまで、大切に養育される。これは、仔グマの養育は、親グマから仔グマを預けられ、その養育を託されたという考えによっているからである。

第3節. 霊送り儀礼の実際

　儀礼は、新暦の1月〜2月頃、山猟が始まる前に行われる。

準 備

　儀礼実施の日が近づいてくると、おおよそ2週間前頃から準備に入る。男性は儀礼で用いるイナウ（木幣）やキケウシパスイ（削りかけ付棒酒箸）、ヘペレアイ（花矢）などの用具作りを始め、女性は酒を仕込んだり、供物を作り始める。また、儀礼の間、屋内のアペオイ（炉）や屋外に設けられたヌササン（祭壇）の前で燃やされる薪が集められる。特に、炉火は、アペフチカムイ（火の姥神）と呼ばれ、最も重要かつ身近な神として、日々事あるごとに祈る神であるので、人々は、年中絶やすことなく常に万全の注意を払っているが、儀礼のときは更なる注意を払い、燃やす薪も十二分に用意するのである。前祭までには、用具・酒・供物の全てが整えられ、儀礼の会場となるチセ（家）内は、新しくキナ（ゴザ）が敷かれ、チセコロカムイ（家を守護する神）、プヤラコロカムイ（窓を司る神）、

アパサムシカムイ（戸口を司る神）など、チセ内の神々に新しいイナウル（削りかけ状の幣）がつけられる。

前祭

儀礼当日の前夜、会場のチセ（家）内において、エカシ（長老）がアペフチカムイに祈る。カムイに儀礼が無事に終了するよう見守って欲しい旨の祈りである。併せて、関係する神々に対しても同様に行う。この祈りをもって儀礼の開始となる。

本祭1日目

翌日、男性は、昨夜と同様にアペフチカムイを始めとする関係する神々に祈りを行った後、ヌササンに神々の依代となるイナウを立てる。個人や地域によって違いがあり、たとえば、胆振の白老町にある財団法人アイヌ民族博物館では、1989年に実施したイオマンテの際、ヌササンにシリコロカムイ（大地を司る神）、トーコロカムイ（沼を司る神）、ワッカウシカムイ（水の神）など、13神を祀っている。併せて、ヌササンにクマ神への土産となるエムシ（太刀）、イカヨプ（飾矢筒）サッチェプ（干鮭）、シト（団子）などを飾りつける。次に、クマ神をヘペレセッ（檻）からチセとヌササンの側にある広場に連れ出す。このとき、女性は手拍子を打ちながら、かけ声をかけて迎える。広場では、クマ神にヘペレアイなどを射って遊ばせた後、二本の木で首をはさんで眠らせる（殺す）。続いて、クマ神

図1. クマ檻のまわりで踊る人びと
（早坂文嶺『蝦夷島奇観』北海道博物館 所蔵）

の体をヌササンの前に安置し、祈り詞を述べる。このとき、男性が一人チセの屋根の上からクルミや団子を撒き、居合わせた人たちは我先にと拾い合う。これは、アイヌモシリは冬でも食べ物が豊富にあるいいところである、ということをクマ神に見せるためのものである。その後、クマ神の体は、カムイメマンカ(神を涼しくさせる)といってイリ(解体)し、クマ神を、頭骨を付けた毛皮の状態にして、ヌササンの向かいにあるチセのロルンプヤラ(神窓)から屋内に招じ入れる。

屋内では、招じ入れたクマ神に向かって祈り詞を述べ、供物を捧げて、オメカプ(宴)が催される。女性たちの歌や踊りは深更に及ぶ。この歌や踊りはアイヌが楽しむのはもちろんであるが、クマ神を始めとして、その場にいる多くの神々もまた楽しむものとされている。

本祭2日目

男性は屋内でクマ神の頭骨の化粧を始める。ウンメムケと呼ばれるもので、頭骨の皮を剥ぎ、イナウルで頭骨を包み込む。出来上がると、その頭骨をユクサパオニという先が二又状になった木に安置させる。そうして、クマ神との最後のオメカプが催される。この夜は、クマ神からの土産であるクマ肉が振る舞われる。前夜同様に歌や踊りが披露され、ユカラ(英雄叙事詩)が語られる。このとき語られるユカラは、物語が最高潮に達したところで語り

図2. クマに花矢を射かける
(早坂文嶺『蝦夷島奇観』北海道博物館 所蔵)

を止める。クマ神は、続きを聞きたくて、来年、再びアイヌモシリを訪れてくる、という考えからである。これは、現実でいうと、来年もクマを射止めることができるということであり、恒常的な食糧獲得を望む採集狩猟民アイヌの考えが如実に表れている。

オメカプが深更に及んだ頃、ユクサパオニに安置されたクマ神は、ロルンプヤラから外に出され、チセを背にしてヌササンの中央に置かれ、クマ神はカムイモシリへと旅立っていくのであるが、このとき、一人の男性がクマ神の向いた方向の空に向かってヘペレアイを射る。これはカムイモシリへの道標ともなり、また、道中に待ち構えているかも知れないウェンカムイ（悪神）を追い払うためである。

後祭・先祖供養

翌日の早朝、日の出前に数人の男性がヌササンに行き、クマ神が無事に旅立ったことを確認して、クマ神の向きをチセのほうに変える。そして、室内に戻り、アペフチカムイを始めとする関係した神々に、"クマ神が無事に旅立つことができた"ことへの感謝の祈り詞を述べて、送り儀礼の第一段階が終了する。

さて、客人が帰った後、送り儀礼の主催者並びにその血縁者によってイチャルパ（あるいは、シンヌラッパ、イヤレ。先祖供養）が執り行われる。このイチャルパは、イオマンテやチセノミ（新築祝い）といった大きな儀礼に付随して行われるもので、供物を捧げ、ハレの日の食べ物を故人と現世の人間がともに楽しむというものである。このイチャルパの終了をもって、送り儀礼の全行程が終了するのである。

第4節．クマ神、その後

カムイモシリに帰ったクマ神は、仲間の神々を招待し、土産にもらった酒やサッチェプを振る舞いながら、アイヌモシリが如何にいいところであったかを話す。そうすると、それを聞いた神々は、「そんなにいいところなら、俺たちもいってみよう」ということになり、

明くる年、多くの神々がアイヌモシリを訪れることになる。これは、アイヌがより多くの食糧を獲得するという意味になる。
　アイヌに、「神は人間の役に立ってこそ神である」という言葉がある。アイヌモシリでアイヌの役に立って帰ってきた神は、カムイモシリで神としての位が上がるという。ちなみに、アイヌモシリを訪れてみたものの、アイヌのお迎えを受けなかったクマ神がいる。このクマ神はアイヌからの土産も持たずに自力でカムイモシリに帰ることになり、仲間の神々から歓迎もされず、位も上がらないままとなる。故に、クマ神に限らず、アイヌモシリを訪れた神は、必ずアイヌのために役立って帰ってこなければならないのである。

おわりに

　アイヌはクマを位の高い神として尊崇しつつも、アイヌとの関わりがなくてはならないものとも考えた。アイヌとクマとの相互扶助の関係である。食糧獲得を自然に求めた採集狩猟民アイヌの知恵である。
　人間は、生きていくうえで必要とするものを「自らの手でつくり

図3. 祭壇を設けクマ神に祈る
（早坂文嶺『蝦夷島奇観』北海道博物館 所蔵）

だす」ことに成功して久しい。翻って考えると、それは自然の破壊に繋がっている。"我々のいう自然を神々と考えてきた"アイヌに次のような話がある。「人間の横暴な振る舞いに怒った神々がアイヌモシリに食糧を降ろさなくなったために、人間が飢饉に陥った」というものである。

<引用・参考文献>

1. 煎本孝『アイヌの熊祭り』(雄山閣、2010年)
2. 伊福部宗夫『沙流アイヌの熊祭』(みやま書房、1969年)
3. 池田貴夫『クマ祭り 文化観をめぐる社会情報学』(第一書房、2009年)
4. 宇田川洋『イオマンテの考古学』(東京大学出版会、1989年)
5. アイヌ民族博物館編・刊行『イヨマンテ ‐ クマの霊送り ‐ 報告書 ‐ 日川善次郎翁の伝承にもとづく実施報告 ‐ 』(1990年)
6. アイヌ民族博物館編・刊行『イヨマンテ ‐ クマの霊送り ‐ 報告書 ‐ 日川善次郎翁の伝承にもとづく実施報告Ⅱ ‐ 』(1991年)

第6章. 木の神と生きる
～木製祭具・イナウについて～

北原次郎太

はじめに

　「アイヌ民族と森林との関わり」という本書のテーマに沿い、ここでは樹木を素材とする祭具「イナウ」を紹介する。木々に関する信仰や文学を見てもわかるように、アイヌ民族にとっての樹木は、内に生命を宿し、人間と同じく心性を持ち、独自の世界をもつ存在である。人と樹木とは外見こそ違えど、内面においては共通性を持っているとも言える。それゆえ人間は樹木を一方的に利用するのではなく、良好な関係を築かなければならないと考えられてきた。

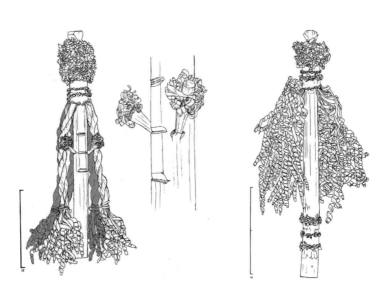

図1. 樺太（サハリン）西海岸のイナウ（左が男性、右が女性）
（アイヌ民族博物館所蔵）

　イナウと似た形状の木製品は広い地域に見られる。アイヌよりも

北方の民族では、サハリン北部のニヴフ民族、ウイルタ民族、アムール河のナナイ民族やウリチ民族、大興安嶺のオロチョン民族などの祭具が知られてきた。また、今石みぎわ氏の調査により、本州以南でも民間信仰や寺社の行事などと結びつきながら九州北部や沖縄県などを除く全域に分布していること、ラオスやジョージアにも類似のものが分布することが明らかになった。2012年の今石氏、山﨑幸治氏との共同調査により、マレーシアのボルネオ（カリマンタン）島北西部のバラム川流域に暮らす5つの民族（ダヤク、キプット、カヤン、ブラワン、プナン）においても、現在でもさかんに作られていることを知り得た。その後、台湾（平甫民族）や北部インド、ミャンマーでもこれに似た物を確認し、2017年にはオーストラリア北部においても用いられていることを知った。また、北海道アイヌ協会旭川支部（当時）の川上哲氏がハンガリーのカポシュヴァルで先住民と交流した際に、やはりイナウによく似た木製品を持ち帰っている。これまで判明したところを総合すると、北方的な祭具と考えられてきたイナウに似た木製品が、ユーラシア南部および周辺の島嶼部に分布していることがわかる。これらの諸民族における用いられ方は、それぞれの信仰や慣習と結びつき、かなり多彩な様相を呈している。例えば、ボルネオでは、重要な客人を招く際の装飾や森林中のサインとして、オーストラリア北部では舞踊の採り物や装飾としての用途が中心になっている（註1）。

　アイヌ社会におけるイナウの文献記録としては、14世紀なかばの『諏訪大明神絵詞』にそれらしい物が書かれたのが初出である。16世紀には、オランダ人によって確実な使用例が記されている。出土例としては、北海道千歳市で17世紀中頃の物があり、伝世品は19世紀初頭頃の物が残されている。北海道南部の虻田町や日高地方の伝承は、イナウの作り方と、それを作って神々を祭ることは、太古の昔に神界のカムイ「神」が教えたもので、そのときに最初のイナウが地上に降ろされたと伝える（註2）。

　本州で用いられる削り花類は、小正月や彼岸など特定の時期に集

中的に作られる。宗教儀礼に関連して作られることが多い一方、装飾や舞踊に関連するものも多く、製作・使用に関してそれほど強いタブーも無いようである。これに比して、イナウは1年を通して神事の際に作られ、カムイが最も喜ぶ贈り物として捧げられる。ユカラなどとよばれる英雄詞曲には、イナウを振って遠くの人を呼ぶといった描写があり、現在のあり方とは異なる用途があったのかもしれない。製作については様々なタブーがあり、素材や工具は屋内の上手に置かれる。製作後は祭壇に立てられ、製作の際に出た木くずも他の塵芥とは分けて祭壇そばに納めるか燃やされる、といった具合である。屋内の上手も祭壇周辺も、平素はみだりに近づかない神聖な場所であり、つまり工具や素材や仕上がった物から廃棄物まで、イナウ製作・使用に関わる全般が日常の暮らしや家人から隔離されているといえる。女性の関与についてもタブー視されているが、実際には素材の採取や下処理までは（特に高齢の）女性が行った例があり、製作についても一定の手順をふめば行うことができる。また散文説話の中には、女性がイナウ製作や霊送りなどの儀礼を行なう内容のものがある。女性が儀礼に深く関与することが文学の題材になるということは、聞き手にとっても語り手にとっても珍しい、驚くべきケースであり、そこにドラマ性が見出されてきたと考えられる。しかしいっぽう、絶対的なタブーではなかったということもうかがえる。

　イナウは人が作った器物でありつつも、それ自身も生命を有すると考えられている。神事において捧げられたイナウは、カムイのもとへ至ると、人間が述べた祈りを復唱する。また、家の守護神となるイナウのように、時としてイナウ自身がカムイと呼ばれ、人間を守護する事もある（図2）。この場合は、イナウ自身が宙を舞って魔と闘い、あるいは人間の代りに他のカムイの接待をすることもある。例えば、北海道沙流地方の平賀エテノアが語った神謡では、狩人がクマを得た際にイナウを作る場面が語られている。クマは矢を受けて死んでいるのだが、その霊魂は耳と耳の間に座り、依然とし

てそこにいるとされる。そこで、クマ神の話し相手になるイナウを作るのである。原文の訳には次のようにある。

「その狩人は一本の棒を私（クマのカムイ）の側に立てて帰っていった。何のために立てたのだろうとじっと眺めていたが、ふと目を離した隙に、急に火が燃え上がったかと思うと、さっきまで棒だったものは若者の姿に変わっていた。若者は私を焚き火の側に招いて面白い話をしてくれ、また私の肉を狙ってくる鳥だの、ろくでもないものどもを追い払った。やがて朝になってみると、いつの間にか火は消え、若者はもとの棒に戻っていた」（以上 引用）

山中でクマを得ても、人手が足りず運べないときは、このような話し相手と見張りを兼ねたイナウを立てて、いちど郷にもどるのである。同じような伝承は、胆振地方の白老や釧路地方にも伝わっている。

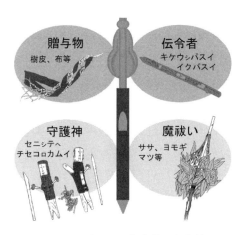

図2. イナウが担う様々な役割
（楕円の中は、同じ役割を持つ別の祭具）

第1節. 世界観の概要

ここであらためて、私たちアイヌのシンリッが作り上げてきた生命観・世界観に触れておきたい。シンリッとは植物の「根」のことであり、人間の「根」すなわち先祖をも表す言葉である。今日では、生命を持つものといえば動植物を思い浮かべるが、日本史でいう近世の頃には、森林河川、天体、火や雷、そして人の作った道具類までを含む、森羅万象に生命が宿るとする思想が広く見られた。

これら人外の生命＝精霊は、本来は神界に暮らし、人と同じ姿を

しているという。そして、人間界を訪れる際には、森羅万象に姿を変えるが、それらはあくまで仮の姿である。このため、精神世界においては、動物的なものと植物的なもの、石火土金水などの境界も曖昧になることがある。火と水が姉妹となり、ホタルとカジキ、ハルニレと雷が夫婦になることもある。また、太古に人間が創造されたとき、ヤナギから背骨が作られたといい、ブドウヅルを耳輪にしていると、その神秘的な力を体に取り入れることができるという。

　精霊達のうち、特に重要な者は、敬意をこめてカムイと呼ぶ。人間の暮らしにとってカムイの存在は欠くことができない。常に良い関係を結ぶようにつとめ、カムイが神界へ帰るときには再訪を願う。そこで、折にふれて神事を行い、精霊たちへ願いと感謝のメッセージを送るのである。

第2節. 動物神の観念

　精霊達に対する神事のあり方や祈り詞の内容、イナウの使い方は多様である。それは即ち精霊達の多様性を映したものであり、そのこと自体が興味深い。イオマンテ「クマの霊送り」は、最も知られたアイヌの神事であり、動物霊に対する神事の典型を示している。規模も大きく、神事の数日前から近隣の人々が集まって、膨大な供物と特別に豪華なイナウが作られる。人間が動物を得ることは、動物に扮した精霊の来訪と捉えられた。肉や毛皮等は、精霊が背負ってきた土産であり、動物を解体することは精霊の荷を解くことに当たる。荷を下ろした精霊は、神界へと帰っていく。人間は、来訪への感謝を述べて返礼の品を捧げ、再訪を祈願しつつ送り出す。これを「霊送り」と呼ぶ。霊送りは狩猟時にその場で行なうことも、猟期の終わりにまとめて送り帰すこともある。

　さて、送られたのちの精霊たちはどうなるのか。伝承の中には、その様子を語るものがある。人里から河川を遡った先にある奥山は、地上における神の領域であり、動物神はそこへ向かってひたす

ら歩む、あるいは空を飛ぶ乗り物に運ばれていく。そこには、送り返された精霊を待っている者がいる。それは送られた精霊の縁者や主宰神（精霊たちは、より高位の精霊によって統括されている。クマであれば、高齢のクマが主宰神として一族を統べており、キツネ、カラスなどにもそれぞれの主宰神がいる）である。精霊が神界へ帰る際は、まず主宰神のもとへ赴くことになっており、霊送りの祈りの中でも、主宰神のもとへの道のりと、そこで報告すべきことなどが申し渡される。

第3節．植物神の観念

　植物も、姿を変えた精霊であり、果実、樹液、樹皮、繊維、木質等を授けて人間を助ける存在である。採取にあたっては神事を行い、恵みに感謝をする。ただ、動物と異なり、霊送りはあまり盛大ではない。動物への霊送りは、精霊の再生のための手続きという意味を持っている。これに対し、樹木はたとえ伐り倒されたとしても、切株や挿し木から再生するなど生物としてのあり方が大きくことなる。そこで、樹木には梢と樹幹、根の3つにそれぞれの霊魂があると考えた。船材として樹木を伐採すると、梢に向っては霊送りをし、根にはイナウを立てて「孫生えがよく育つように」と祈り、樹幹には「船となって人々に助力して欲しい」と祈った。

　オオウバユリやギョウジャニンニクなどの山菜類は、採取後に葉や根などの不要部分をばら撒きながら「草原のようにたくさん生えろ」と唱えることで再生を祈願した。このように、再生を願う儀礼の違いにも、動物神と植物神に対する観念の違いが表れている。

　植物に関わる霊送りのうち、規模の大きなものは道具の霊送りという形で行われる。道具類にも生命が宿っており、動物の送りに比べあまり注目されないが、霊送りを行う。古びたり壊れたりして使わなくなると、贈り物とともにその生命を送り帰すのである。臼や船、樹皮衣、そしてイナウ等の木製品には、(例外もあるが) 素材

となった樹木の魂が宿り続けている。これらの魂は、役割を終えた時には森の中へ帰される。船の神を叙述者とする日高地方の神謡では、船神が神界に帰るにあたり、かつて木として立っていた場所（切株）から昇天して樹木の世界へ帰ると語られている。神界にはやはり主宰神が待っている。

　動物界では種ごとに主宰神がいるのに対し、日高地方富川では、森林神が草本・木本全体を統括するとされる。いっぽう文学には、種ごとの主宰神が登場するケースもある。植物神の世界を考えるに当たり、この点はなお検討の余地がある。

第4節. イナウの属性は樹木に由来する

　イナウにも生命が宿ると述べたが、それは、素材となった樹木の生命を引き継いだものである。そしてイナウは元の樹木が持っていた色、臭い、性別等の性質をも帯びることになる。例えばカムイの許に届いたイナウは、樹種に応じて金属に変質する。キハダの木は金に、ヤナギやミズキは銀に、ミヤマハンノキは銅に、という具合である。このため、イナウは、カムイへの使者であると同時に捧げ物とも考えられるのである。

　また、カムイによっては特定の樹種を好むことがあり、シマフクロウはキハダ、シャチはミヤマハンノキ、ヘビはクルミを好む。釧路地方の阿寒では、クマを追うときに「ミズキのイナウが欲しければ私の客になってくれ」と呼びかけるという。

　ハシドイやエンジュ、ニワトコなどは、その独特の臭気を病魔が嫌うとして、魔除けの守護神に用いる。ハリギリなどの棘のある木も、やはり病魔を追うイナウにする。日高地方の静内や沙流川流域では、こうしたイナウに使用する樹種の、人間界と神界におけるそれぞれの呼び名を謡いこんだ物語が伝わっている。たとえばヤナギは人間界ではススと呼ぶが、神界での名はカミレタラクル「肌の白い者」カミレタラマッ「肌の白い女」という。おなじくハシドイは、

人間界でプンカウ、神界ではコパカゥセクル「パチパチと鳴る者」コパカゥセマッ「パチパチと鳴る女」という。ヤナギは木質が白く柔らかで、もっともポピュラーなイナウの材料である。ハシドイは、囲炉裏にくべるとよくはぜるので薪には適さないが、腐りにくいため柱材などに用いられ、また魔除けのイナウにも使われる。こうした神名は、かつてその樹木のどこに注目していたかを伺わせる。

　上の伝承では、それぞれの樹種のうちに男神と女神がいることになっている。イナウにも男女の別があり、多くの場合、長短の削りかけ（木質を薄くリボン状に削りだした箇所）や頭部など、一部の形を変えることによって表現される。例えば、短い削りかけを削る際に、上（梢）から下（根）の方向へ削ったものは男性、下から上へ削ったものは女性となる。この方式による性別の表現は、北海道の日高地方東部から東北部にかけてと、樺太の一部に見られる。

　長い削りかけは、そのまま垂らしたものと、撚りをかけたものがある。樺太西海岸来知志や北海道の胆振地方・日高地方西部では、前者を女性、後者を男性とする。このほか、日高地方の浦河以西から胆振にかけては、頭部を水平に切ると男性、斜めに切ると女性とする表現方式がある。

　男女のイナウは一対にして捧げることもあるが、1本だけ使う場合には、女神には男性のイナウ、男神には女性のイナウを捧げる傾向がある。美幌では、男性のイナウ数本に、女性のイナウ1本を添えて道具送りの祭壇を作る。女性が加わることで「神をいろいろとりもって、穏やかにおさめる」ためだと言われる。イナウをいかにも擬人的に考えていて面白い。樺太では、樹種ごとに性別が決まっていることがあり、特にイナウにする樹種は性別が意識されているようである。西海岸来知志ではエゾマツ、シラカバをオㇵカヨニー「男性の木」、トドマツ、ハンノキをマハネニー「女性の木」と呼ぶ。そして、男木で作ったイナウは全て男性、女木のイナウは全て女性というように、樹種の性別はイナウにも引き継がれる。また、女神には女性のイナウ、男神には男性のイナウを捧げる。樺太でも

頻繁に使われるヤナギについては、性別は語られない。

　イナウには一木で作り出すものと、いくつかの部品をつなぎ合わせる寄木造りのものがある。後者は、コトロ「胴体」と呼ぶ部分をマツなどで作り、その上にヤナギで作ったサパ「頭」と呼ぶ削りかけを取り付ける。この場合、イナウの性別は、胴体に使った樹種に順ずる。頭がヤナギでも、胴体がエゾマツなら男性、トドマツなら女性ということになる。北海道では、頭の素材が重視される。樺太と北海道では、それぞれ違った部位に重きを置いてイナウを作っているのがわかる。

　イナウに限らず、一般に樹木の使用にあたっては逆木を忌避する。家を建てる時は逆柱に注意し、船を作るときも、舳が梢にあたるように作られる。イナウも、根が下になるように注意する。旭川では、これを誤ると家系が絶えるといって戒めた。

　ところが、樺太では守護神とするイナウを逆木で作る。マツを根ごと掘り起こしてそのまま逆さに立て、簡単な削りかけと刻印を施し、松葉などを縛り付ける。人面を刻むこともある。このような逆木の木像はニヴフやウデへといったより北方の民族、本州の秋田県や朝鮮半島など、環日本海地域に分布している。このことからも、逆木の神像はアイヌ文化における樹木利用の中では例外的な存在であることがわかり、その成立はより広域に展開する木偶文化との関わりで考えるべきであろう。

第5節. 木と共に生きる

　先に述べた様に、イナウの中には樹木の生命が宿り、人間の求めに応じて神々へ言伝し、捧げ物となり、人間を守るとされる。すなわち、イナウとは「人間界に引き入れられ、人に協力する樹木の精霊」にほかならない。木を伐り出して、様々なイナウに成形することは、樹木の精霊の協力を得るための手順だとも言える。

　精霊を人間界に引き入れ、助力を得る例は、ほ乳類や鳥類、爬虫

類、魚類の場合にも見られる。例えばイタチやウミガメ、アホウドリ、イトウなどの頭骨をイナウの削りかけで包み、霊送りをせずに屋内で祭ることがある。こうした頭骨をシラッキカムイと呼び、その頭骨に向って供物を供えながら仲間(獲物)を呼び寄せるよう祈ったり、雨を降らせたり、占いをさせたりと、種々の祈願を行なう。このような祭り方を、人間の視点に立ってニスクヮ「頼みにする／雇う」と表現する。

　イナウの製作にあたっても、同様にニスクヮという表現が用いられる。家の守護神となるイナウなど特に重要なイナウを作る際には、素材となる木の神に向って祈りを上げ、人間の期待に応えるよう言い含めて祭る。これを人間の視点に立っていえばニスクヮとなるが、精霊たちの視点に立ったイエウタンネ「人間の仲間になる」という表現もある。

　信仰の観点から見れば、樹木を整形して道具を作ることは、すべからく樹木神を人間界に引き入れ、人間の意に添って働くよう求める、いわば「木と生きる」ための行為だといえる。なかんずく、神々との仲立ちとなり、あるいは魔の侵入を阻み、人間界と異界との秩序を一任された物がイナウであった。

<註>

註1. 詳細は今石みぎわ・北原次郎太（2015年）を参照されたい。

註2. 日高地方新ひだか町静内には、2つタイプのイナウ起源譚が伝わっている。
　　2017年に、その1篇が『umurekinaw　a=teksaykare 夫婦のイナウがさらわれた』と題してアニメーション化され、インターネットで公開されている。
　　(https://www.youtube.com/watch?v=YRVIZ6Ox648)

<引用・参考文献>

1. 今石みぎわ・北原次郎太『アイヌ・先住民研究センターブッ

クレット 4 花とイナウ - 世界の中のアイヌ文化 - 』(北海道大学アイヌ・先住民研究センター、2015 年)
2. 北原次郎太『アイヌの祭具イナウの研究』(北海道大学出版会、2014 年)
3. 久保寺逸彦「沙流アイヌのイナウに就いて」(『金田一博士米寿記念論集』所収、三省堂、1971 年)
4. 久保寺逸彦『アイヌ叙事詩神謡・聖伝の研究』(岩波書店、1977 年)
5. N. G. マンロー著・小松哲郎訳『アイヌの信仰とその儀式』(国書刊行会、2002 年)

第7章. 道具にみる木の利用

出利葉浩司

はじめに

　博物館などにいくと、アイヌの人びとが「かつて」使ったさまざまな道具類が展示されている。かつて使っていたということから「伝統的」という言葉が使われることもある。

　では、使われていたのはいつの頃かと聞かれても、正確に答えることはむつかしい。それぞれの器物によって、まちまちだからだ。大まかにいえることは、明治時代に撮影された写真や江戸時代に描かれた絵画などに、見ることができるということだ。そこから判断して、すくなくとも、江戸時代の終わり頃には、いちおう、このような道具類が「組になって」使われていたのだろうということはいえる。もちろん、地域によって、特徴的な道具もあったことだろう。

　それでは、どのような道具が、どんな「木」で、どのようにして作られていたのだろうか。

第1節.「森を見て、かつ、枝も見よ」

　まず、生活のなかで重要な位置を占める住居からみてみよう。住居つまり家のことはアイヌ語でチセという。

　かつて、アイヌの人びとはどのような住居で生活していたのだろうか。いわゆる伝統的な住居が白老町のポロト湖畔や平取町二風谷、旭川市伝承の森コタンなどで復元されているし、札幌市の北海道博物館や大阪府の国立民族学博物館など博物館のなかにも復元されている。ご覧になった方もいらっしゃるだろう。

　骨組みはもちろん「木」でできている。と、ここまではほとんどの方が気づかれるところである。筆者も、博物館に勤務していたと

きには、復元された住居の前で、よく小学生に質問した。「このチセは、何でできているのかな？」ほとんどすべての子供たちが、元気よく「木」と答える。「それでは、どんな木でできているのかな？どこにでもある木でいいのかな？」と重ねて質問すると、みんな考え込んでしまう。「まっすぐな木？」と誰かが小声で答える。

そうなのだ。チセの骨組みは、まっすぐな木で構成されている。このことは、現在の復元住居のみならず、以前の、たとえば明治年間に撮影された写真を見ても、さらには江戸時代に描かれた絵画をみても、ほとんど、あてはまる。

それでは、ということで、たとえば札幌市郊外にある道立野幌森林公園の森を眺めてみることにする。じつは、「まっすぐ」に伸びた木は意外と多くはない。ここで子供たちは、まず、そのことに驚き、チセが簡単に建てることができないものであることを知る。このとき、わたしはかつての自分を思い出す。子供たちの体験は、30年前、わたくしが体験した驚きを繰り返しているのだ。もっとも、このことは、あたりまえといえば、あたりまえである。現代の日本の住居だって、「骨組み」には、まっすぐな木をつかっているのだ。

『アイヌ民族誌』（第一法規出版 1969）は、昭和のなかごろまでの研究の集大成といってよいと思うが、これによれば、家の柱とする木は、腐りにくいものを選んだという。ハシドイ（プンカウ）、クリ（ヤムニ）、カシワ（トゥンニ）、カツラ（ランコ）、ヤチダモ（ピンニ）などの名前が挙がっている。屋根など柱以外の部分は、トドマツ（フプ）、ハンノキ（ケネ）など、まっすぐな木であればよいという。腐りやすい木として、カバ（タッニ）、ドロノキ（ヤイニ）を挙げている。

伝統的な住居の柱は、地面に穴を掘り、そこに直接立てる。もちろん立地などは慎重に選定されたはずで、湿気のある土地などは避けたはずである。それでも、腐りやすい木というものを、経験的に認識し、知識として伝え、その利用は避けるという方法をとっていたことは、注意してよい。

ここでカバの木の名誉のために付け加えておこう。カバが腐りやすいからといって、全く利用されなかったかというと、そうではない。カバの樹皮は、たいまつなどに利用されたし、なにより樹皮をうまく折り曲げて作った容器は博物館の展示品としてよく見かけるものである（図1）。

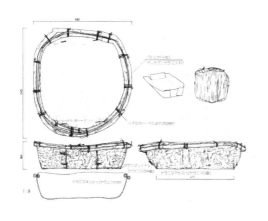

図1．サクラ皮製の容器
（『アイヌの民具』＜萱野茂＞より）

伝統的なチセについて、もうすこし、屋根や外壁の素材にもふれておこう。復元されたものも含めて、北海道の太平洋岸にみられた住居は、屋根や外壁をカヤで葺いたものがほとんどである。しかし、これは地域によって異なる。たとえば旭川市博物館ではササで葺いたものが展示されている。民族学の調査によれば、ササ葺きのものは旭川、名寄周辺におおく、また斜里、根室、そして樺太では木の皮で葺くことがおおいという。これは、地方における文化伝統の差というより、その地方でもっとも入手しやすい材料をつかっていたことと、ほかの民族との接触による影響ではないか。『アイヌ民族誌』ではそう述べている。

使うのはまっすぐにのびた木々だけではない。細く、枝分かれしたものも、また役に立つ。木の枝の形態的な特徴をみごとに利用した道具もある。

人びとは、シナノキなどの靭皮（外皮のすぐ内側の部分）に撚りをかけて紐を作るが、できあがった紐を巻き取っていくときに使う道具がある。これはハシドイ（プンカウ）の枝で作られたもので、この木が梢に近くなるほど枝分かれしていく性質をうまく利用している。この道具は、アイヌ語でカニッと呼ばれ、使うときには炉な

ど土の部分に立てて使う。

　枝分かれした部分といっても、できるだけ左右対称であるほうが使い勝手がよいようだ。糸を掛ける部分の幅がありすぎてもよろしくない。こうなると、どこにでもある枝というわけではない。実際、わたくしも、森に入ってこのような枝を探そうとしたが、意外と見つからない。いや、見つけることができなかったといったほうが、正確だろう。30年ほど前、静内町に在住の古老といっしょに森に入った。「ほら、あれが使える」古老は、いとも簡単に見つけ出し、指さしてくれるが、こちらは、遠くから示されたぐらいでは、わからない。しようがないヤツだなと思われたのだろう、その古老は、実際に枝を切り取って、カニッを作って見せてくれた。「ああ、なるほど！」感動したと同時に、もし、わたくしが、200年前の北海道に生まれていたなら、はたして生きていけただろうか？不安になったのを思い出す（図２）。

　森に生い茂る木々のなかから、ふさわしい枝を選び出すのは、いろいろな紋様が入り交じったなかから、ある特定の記号を探し出すパズルに似ているといえるかもしれない。もちろん、なにごとにも練習、訓練が必要なのだろうが、このような名人芸を見ていると、どうも木々のほうから、「わたしを使って！」と、訴えているように思えてならない。

　木々の形態的な特徴に注意した利用をいくつかあげてみたが、アイヌの人びとの木の利用は、もちろんそれだけではない。素材の質的な特徴を理解したうえで、それをうまく利用した道具もある。

　たとえば、弓を作るためには、イチイやマユミなど、弾力のある木が使われる。しかもまっすぐに伸びた枝でなくてはならない。現代に生きるわれわれは、なかなか気づかないかもしれないが、当然といえば当然のことだ。

　弓を例に挙げたので、ここですこし弓についてふれてみよう。かつて狩猟に使われたアイヌの弓には、２種類あったようだ。ひとつは直接、射手が手に持って狩りをする、いわゆる「弓」であり、も

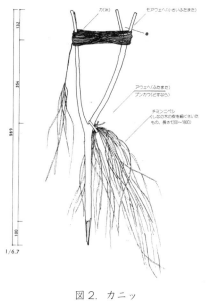

図2. カニッ
(『アイヌの民具』<萱野茂>より)

うひとつは、仕掛け弓(クワリ。罠の一種で自動的に矢を発射する)などの罠に利用する「弓」である(図3)。

　前者の弓は、博物館などに保存されているもので見るかぎり、日本の弓道の弓のように長くはない。1メートルを超えるほどのもので、太さも直径2.5センチほど。樹木の枝の外皮を剥ぎおとしたものをそのまま使う。わたくしも、自分で作り、実際、矢を射たことがあるが、結構、威力があった。

　罠のうち、仕掛け弓は、動物の通り道に仕掛けておき、触り糸に触れると、自動的に矢が飛び出すものだ。筆者は、キツネなどのおおきさの獲物がおもに対象となったのではないかと考えているが、クマなどもこの道具で捕ったという記録がある。弓は、太さも4センチ前後ほどある。かなりの威力があったと思う。

　利用されるものは樹木の本体だけではない。さきほどもカバ製の容器について触れたように、樹皮も使われる。

　サクラ(カリンパ)の外皮は、カバ同様に容器として使われるほか、小刀の鞘などのように、貼り合わせた木と木をしっかりと固定するのにも使われる。

　容器としての利用をみよう。剥ぎ取ったサクラの樹皮の四隅をうまく折り込み、その部分を固定するために小枝をあてて縫い合わせることで、全体を皿状に作るのである。このなかで、魚などを刻んだり、和えたりもするのだが、より防水性がある樹皮の外側を皿の内側になるように使うことが報告されている。

このサクラ樹皮は、もうひとつおもしろい使い方がある。それは、小刀（マキリ）の鞘や儀式で飾る矢筒など、木と木とを貼り合わせて作る必要があるときに、固定バンドとして使う方法である。こうした道具は、いずれも中が空洞になっているものである。この空洞をいかにして作り出すか。これが重要な点である。儀式用矢筒の場合、博物館資料を観察すると、まず厚みのある一枚の板を用意し、矢筒の形を整えてから、それを長軸方向に二枚に割る。つぎに内側を刳りぬいてから、また貼り合わせるという手法をとるものがおおい。二枚に割ったときの割れ口をそのまま合わせることになるので、貼り合わせる面は隙間なくピッタリと合う。こうして貼り合わせた二枚を固定するために、細く切って紐状にしたサクラ樹皮を使う。マキリの場合は、鞘の内側を刳りぬく技法にはいくつかあるが、矢筒とおなじ技法を用いたものもみられ、そこでは、固定するのに、やはりサクラ皮が利用されている（図4）。

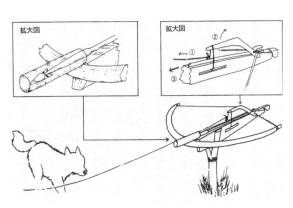

図3．仕掛け弓
（出利葉浩司原図）

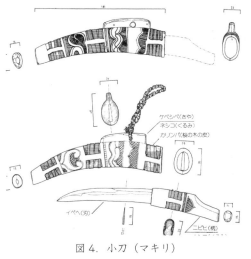

図4．小刀（マキリ）
（『アイヌの民具』＜萱野茂＞より）

中を「刳りぬく」といえば、キセルを挙げないわけにはいかないだろう。キセルは博物館などでもよく展示されているが、注意深くご覧になった方が口にされる疑問は、どうやって細長い木の枝に管状の穴を開けたのかということだ。

タバコがいつからアイヌ社会にもたらされたのか、筆者は正確な情報を持たないが、アイヌの人びとにとって、喫煙は、遠来の客をもてなすなど、旧交を温めるときになくてはならないものであったという。このときに使われるキセルは、和人社会からもたらされたものもあるが、アイヌの自製のものもある。この自製のキセルには、サビタがつかわれるという。サビタは髄の部分を引っ張ると、そこだけうまく引き出すことができる。この性質を利用して、中空になった枝を作りだしたのである。

アイヌ社会における木の利用を、さっと眺めてみたが、これだけでも、それぞれの樹木が持つさまざまな特徴をうまく利用して、用途に応じて使い分けてきたことをうかがい知ることができると思う。

さらに、アイヌの人びとが利用した「木の性質」には、わたくしたちが気付かない重要な性質がある。それは、それぞれの樹種のもつ「色」と、それらが発する「香り」である。これは、人びとがイナウについて語るとき、よく口にすることでもある。これについては北原次郎太が、第6章で詳しく述べているのでそちらをご覧いただきたいが、ここではひとつだけニール・ゴードン・マンローの仕事から紹介したい。

マンローはスコットランド人医師で、インド航路の船医であったが、病気がもとで1890年に立ち寄った日本で療養することになる。完治してからも医師として働くかたわら、日本人の起源に関心を持ち、やがてアイヌの精神文化の研究に大きな業績を残し、帰国することなく、1942年、平取町二風谷で亡くなった。1962年に出版された彼の著書『The Ainu Creed and Cult』(小松哲郎訳『アイヌの信仰とその儀式』)は、医師として二風谷に居を構えたマンローが、そこで見聞きしたことを、1800年代末から約40年間にわたってまとめ

た論文の集成であるが、ながくアイヌの人びとの中で暮らし、しかも信頼関係を築きあげたマンローならではと思わせる記述が多い。

マンローによると、家の玄関を守るためのイナウは、ニワトコ（ソコニ）やエンジュ（チクペニ）が使われるが、その理由は、これらの木々が発する独特の臭いによるという。この臭いは、人間にも嫌う人がいるが、住居に侵入しようとする悪霊にとっても喜ばしいものではないというのがその理由である。

第2節. 魂をもつものとしての樹木

アイヌの人びとにとっての木の利用とは、形態や特性など、素材としての特徴を生かして、「合理的に」うまく利用する使い方、つまり、「現在のわれわれの思考方法の枠内」でもうまく説明ができる使い方ばかりか、というとじつはそうではないようだ。

第6章で北原次郎太が書いているが、木の幹や枝にも「向き」がある。つまり、根のほうをどちらに向けて使うかということだ。これは、さきほどふれた「カニッ（糸を巻き取る枝）」のように、分かれた枝を利用するため、当然、それとは逆のほう、すなわち幹に近く太い方を炉など地中に突き立てるというように、そうとしか使いようがないものもある。しかし、なかには理屈ではうまく説明がつきそうにないものもある。すくなくとも、筆者はうまく説明することができないのだ（図5）。

図5. チセの小屋組図
（『アイヌ民族誌』より）

たとえば、最初にふれた住居。まず、建てる柱は幹の根のほうが下になるようにする。問題はその次だ。アイヌの住居の平面は長方形が基本であるが、それにあわせて、まず小屋組（屋根）を組んでおいてから、それを柱の上に担ぎ上げる方法をとる。この小屋組を作るとき、最初に、長軸方向に平行に二本、丸太を横たえ、これを桁にする。その上に、直角に梁になる丸太を置き、基本となる長方形の枠を作り、その上に屋根を組んでいく。桁と梁は四隅で重なることになるが、ここの厚みを均一にしないと屋根全体が傾くことになる。そのため、丸太の太い部分（すなわち根に近い方）が重なりあわないように置いていくようだ。とここまで書けば、この条件を満たせば、桁と梁、どのように丸太を使ってもよいように思えるのだが、そうではない。入り口からみて左手奥になる部分、ここに、かならずといってよいほど桁の太い部分（根の部分）を持ってくるようである。

　静内町の伝承者であった故織田ステノさんが、このことについて、「（室内の左手奥は）大切な部分だから、ここに木の根のほうをもってくるんだ。」と話されていたのを思い出す。組み合わせた桁と梁の厚みを均一にするためならば、「根」の位置にこだわる必要はないはずである。織田さんの言葉からは、樹木そのものに込められた、深い意味が感じられるようだ。

　かつて、丸木舟は、交通手段として、またサケ漁など川での作業にとって、重要な道具であった。『アイヌの民具』（1978）は、アイヌの道具類について、丁寧な図と写真に、エピソードを含めた解説をくわえた故萱野茂さんの名著といってよいと思うが、そのなかで、萱野さんは、「まっすぐに伸びて、枝の張り方も均整がとれた立ち姿の美しい木を、心の正しい木であると考え」、舟を造るときにはそのような木を選ぶと書いておられる。さらに続けて、木を切り倒す前に、イナウを捧げ、山の神様に、「この木をアイヌにおさげ渡しください」とお願いするという。斧で木を切り倒した後に、切り株に残る三角にとがった部分に立木の魂が宿るので、この部分

を切り取って、イナウやヒエ、タバコなどを供え、立木の魂に神の国へ帰っていただくべく、祈りを捧げるのだとも述べている。

先に触れたマンローも、人びとが舟を作るとき、木を切り倒した後、残った切り株と梢の部分にイナウを捧げる様子を、図で紹介している（図6）。

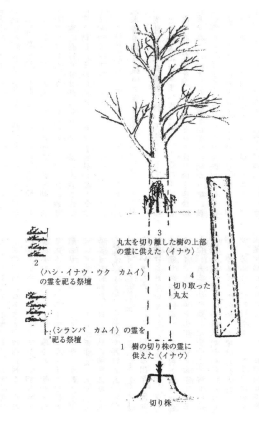

図6. マンローが記録した「切り倒した樹に対して行う儀式」
（『アイヌの信仰とその儀式』＜マンロー 著、小松 訳＞より）

第3節. 大地の神　シランパカムイ

マンローによると、大地をしっかりと支える、すべての植物の神としてシランパカムイがあり、その霊魂（ラマッ）をほかの木々に

「分け与えている」という。もっとも、この解釈には異論があって、故渡辺仁東京大学名誉教授は、すべての植物にははじめから霊魂（ラマッ）が存在するのだという。ラマッが姿を変えたものが草木であり、動物である。シランパカムイはそれらラマッの長であるという。

けれども、二人の先学の研究から、アイヌの人びとが植物に対してどのように考えていたのかということは、うかがい知ることはできよう。アイヌの人びとが、さまざまな木の性質をうまく見極め、利用することに長けた人びとであったであろうことは誤りではないと思うが、人びとは、そこに何を見いだしていたのか。アイヌの人びとの木の利用を語るときは、このことを置き忘れてしまってはならないと思う。

<引用・参考文献>

1. アイヌ民族博物館 監修『アイヌ文化の基礎知識』（草風館、1993年）
2. 萱野 茂『アイヌの民具』（すずさわ書店、1978年）
3. 更科源蔵・更科 光『コタン生物記Ⅰ樹木・雑草篇』（法政大学出版局、1976年）
4. アイヌ文化保存対策協議会 編『アイヌ民族誌』（第一法規出版、1969年）
5. N.G.マンロー著・小松哲郎訳『アイヌの信仰とその儀式』（国書刊行会、2002年）

第8章. 木彫り熊とみやげ

齋藤玲子

　本章のテーマは、木彫り熊を含む北海道のみやげとなってきたアイヌの工芸、特に木製品についてである。人手にわたることを前提に作られた物と、その素材である樹木について述べてみたい。

第1節. 木彫りの熊

　平成12年（2000年）の夏に、「木彫り『熊』源流展」が北海道立北方民族博物館と旭川市博物館で開催され、筆者も携わった。この展示は道内外のマスコミに注目され、新聞読者や観覧者をはじめ市民の反応も大きかった。木彫り熊は一世を風靡した北海道の観光みやげであり、若い世代を除いては、アイヌの工芸と認識している人が多いと思う。木彫り熊が流行した当時は、遠くの旅行には餞別をもらい、みやげを買って帰るという慣習が今よりも強く残っており、特に新婚旅行は「北海道らしい」（形ある）ものを求める志向があった。もちろん、木彫り熊自体の魅力もあった。

　その始まりと盛衰を概観してみよう。「北海道第1号」という木彫り熊が、道南の八雲町にある。尾張徳川家の藩主だった徳川慶勝は、明治11年（1878年）、同町遊楽部に500haの土地の下付を受け、旧藩士たちを入植させた。その二代後の当主・徳川義親は、農閑期の副業として、スイスから持ち帰った木彫り熊などをモデルに、農民たちに工芸品の製作を奨励した。大正13年（1924年）の冬、徳川農場で開催した「第1回農村美術工芸品評会」に出品された酪農家の伊藤政雄の作品が、記録の確かな最初の木彫り熊とされている。

　その後、技術の向上や品質の統一、販売の振興等を図るために昭和3年（1928年）に八雲農民美術研究会が設立され、会員の研究

発表や作品の批評をしあうとともに、共同製作や展覧会などがおこなわれた。上述の伊藤政雄と同地で静養中（代用教員とする文献も有り）の日本画家・十倉兼行が講師となり、講習会を続けた。昭和7年には日本農民美術研究所所長の山本鼎を招いて講演と実技指導を受け、翌8年には北海道林業会の高橋彦作を講師に木材塗装法の講習もおこなった。道内外のデパートでの販売等を通して「やくも」の焼印の入った木彫り熊は全国に名を知らしめるまでになった。しかし、第二次世界大戦により販売も生産も困難になり、同研究会は昭和18年に解散した。戦後も活躍した作家がいたものの、現在は本業とする人はいない。公民館で木彫り熊の講座が続けられており、趣味で彫る人がいるのみである。

　一方、旭川では、明治後期にはアイヌの木彫品がみやげとして定着していたという土壌もあり、大正初め頃から木彫りの熊が作られていたと考えられる。『旭川市史』第1巻によれば、「近文コタンでも早くより作ってはいたが、よく『わに熊』とか『ぶた熊』『鼠熊』だなどと悪評を受けていたようにほとんど市販にならぬ拙いものであった」ようだ。ところが大正末期に「（八雲の）製作品が近文コタンに入って刺激され、市でも大いに奨励、市でいくらでも買上げることとする」とある。このあたりは、金倉（2006年）や「木彫り熊」研究会（川上ほか2005年）による論考が参考になるが、八雲の製作品（具体的には、八雲の柴崎重行が近文の川上コヌサに見せるために持参したと伝わる）がいつ・どのように旭川にもたらされ、どう刺激されたのか、旭川市史を含めて曖昧かつ矛盾する点がある。

　今夏、阿寒湖温泉在住の木彫家・藤戸竹喜は、『木彫熊の歴史について』（2017年 私家版）をまとめた。そこでは、アイヌの立場から、旭川の木彫熊の販売は八雲より古く、いまに続く「北海道の木彫熊」の原点だったことを強く主張している（齋藤2017）。

　さて、話を戻すと、旭川の近文では、川上コヌサが明治末期から昭和17年まで視察者や観光客らを受け入れ、工芸品の販売をおこなっていた。はっきりした年代はわからないが、木彫り熊も大正期

から販売されていたと推測される。昭和5年頃には、同じく近文の佐々木豊栄堂の店先で熊彫りの実演販売がなされていた。

　昭和10年頃には、旭川からの彫り師の出稼ぎが始まり、阿寒、白老、札幌や大沼でも木彫り熊が生産、販売されるようになった。十数年ほどの間に、木彫り熊は道内の各地に広がったと考えられる。

　昭和10年9月に北海道庁と北海道社会事業協会主催の「北海道アイヌ手工芸品展覧会」が札幌の丸井呉服店で開催され、近文の松井梅太郎が木彫り熊で名誉賞を受賞した。出品者約80名の一覧を見ると、旭川をはじめ各地で後にアイヌ文化伝承者として知られる人びとの名が連なる。この展覧会は盛況で、販売もされた。翌11年、陸軍北海道大演習が実施され、松井の作品は天皇に献上された。

　戦時中は当然のことながら観光客が減少、木彫をしていた男性たちも兵役についたが、そのようななか、旭川では百貨店で木彫品が売られていたという。八雲で木彫品の生産が減少していったのとは対照的に、旭川では戦後まもなく、北海道民芸協会旭川支部やアイヌ民芸協団をはじめ、各種の工芸に関する団体ができ、木彫は復興していく。また、米軍進駐司令官の要請もあり、米軍デザイナーの指導を受けて、輸出向け製品も作られた。

第2節．江戸時代の蝦夷みやげ

　さて、アイヌの木彫品はいつからみやげとなっていたのだろうか。元来、アイヌは自分たちが使うための道具・日用品を作っていたはずだ。しかし、18世紀の文献に献上品・贈答品あるいは売り物としての工芸品が現れてくる。

　たとえば、谷元旦が寛政11年（1799年）の旅で著した『蝦夷蓋開日記』には、勇払滞留中に薬草写生の謝礼として松前付添役人から、「夷人細工」の筆管とマキリ鞘を贈られている。また、登別で休憩をとらせてもらった家の主が「蝦夷の細工人にて勝手よく…」

と、富裕者であったことも記している。

　和人のために作られた木彫について文献から拾い集めてみると、上述の筆軸やマキリ（小刀）の鞘のほか、盆、匙、茶托、糸巻などが挙げられる。手拭掛や衣文掛は、一木から彫りだした鎖状の吊り具が注目されていた。刃物一本で精巧な彫り物をするアイヌの技術が称えられ、見本をつかわして希望の物を彫らせていたことも記録されている。山越内・沙流・厚岸・斜里など細工を入手した地名も挙げられ、木彫品がみやげや献上品となっていたことが示されている。また、択捉のシタエホリをはじめ、現存する作品とともに細工上手としてよく知られる人物もある。

　場所請負人に雇用されていない者や、漁場労働のない冬季間に、女性はアットゥシ（樹皮繊維製織物）やシナ縄、キナ（ガマ製の蓆）等の繊維製品を、男性は狩猟で得た獣皮や木彫の細工物を、米などの内地からの商品に変えたのであった。

第3節．明治時代の博覧会とみやげ

　明治になると、勧農をはじめとする同化政策やサケ漁・シカ猟の規制など、アイヌは生業活動の転換を余儀なくされた。また、本州産の工業製品等の移入が増え、自製の道具や日用品は衰退せざるを得なかっただろう。

　しかし、そのようななかでも工芸品は伝承されてきた。まず、授産策として、農閑期の副業の一つに工芸が奨励されていた記録がある。アイヌ児童の教育においても、「実業科」で女子には裁縫や蓆編みを、男子は夏期に農業、冬期は「手工」として彫刻をさせる規程が掲げられた。作品を学校の視察者に販売したとの聞き書きもある。

　また、国内外の博覧会・物産会等への出品のため、開拓使による工芸品の買い上げや、彫刻の腕のよい者が雇用される例もあった。欧米の人類学者等が来道し、博覧会の準備や研究のためにアイヌの

民具を収集して国へ持ち帰る例も少なくなかった。

　旭川では明治 31 年（1898 年）に鉄道が開通し、翌々年札幌から第七師団の部隊移転が始まった。人口の増加に伴い、みやげ品の需要も高まった。伝統的な文様を彫った雑貨（盆、杖、衣紋掛、糸巻、花瓶敷きアットゥシなど）を副業として作る者が近文に出てきて、それらの品を扱う山田集珍堂が開店したのは明治 33 年、続いて同 36 年には神崎商店が開業した。神崎商店の創業初期とされる写真には、多数の盆や衣文掛などが並ぶ店頭で、アイヌの夫妻と見られる男女が木彫と刺繍の実演をするようすが写されている。明治 45 年に発行された『北海道鉄道沿線案内』には、近文駅・旭川駅の名物として「旭豆」と「アイヌ細工」の二つが挙げられている。「アイヌ細工」ということばは、この頃までに北海道への視察旅行などの増加とともに定着したものと推定される。

第 4 節．大正～戦前のアイヌの工芸

　日本で観光旅行が一般化してくるのは第一次世界大戦後の大正期とされる。鉄道沿線案内や北海道年鑑等の文献からは、旭川近文と白老がアイヌ文化を見学できる場として知られていたことがわかる。

　大正期も限られた地域であるが、授産策として工芸品製作の奨励がおこなわれていた。道庁内務部の『旧土人に関する調査』（1919 年他）には、旭川区（当時）は大正 4 年（1915 年）年来、男性による独特の彫刻を施した盆、箸、手拭掛、匙、洋杖、羽織掛等の木工品、女性による刺繍を施した卓子掛、座布団表、信玄袋及び蒲製莫蓙等の製品を買い上げ、材料の供給をおこない、産額の増加を図りつつある、と記されている。

　大正 7 年に札幌の中島公園を主会場に開催された「開道五十年記念北海道博覧会」には、「拓殖教育衛生館」という陳列館が設けられた。閉幕後も「拓殖館」（後に「北海道拓殖館」）という名で残

され、アイヌの生活用具や儀礼具、工芸品が展示されていた（これら約400点の民族資料は北海道博物館に収蔵され、目録も刊行されている）。同博覧会会場にはアイヌ細工や絵葉書といった「みやげ」の売店があったこともわかっている。

　そして旭川や八雲で熊彫りが始まり、またたく間に各地にひろまったのは前述のとおりである。昭和12年には、北海道工業試験場から「木彫羆とアイヌ細工に就いて」と題された興味深い報告が出ている。少々長いが、その「はしがき」を引用してみよう。

　「現下本道で製作されている木工土産品は、木彫羆とアイヌ細工及び白樺細工、黄肌細工、皮絵等がある。なかでも木彫羆とアイヌ細工は古くから土産品として作られ、本道では最も親しみ易いもので、特に優秀な技術者を多くもっているのであるから、今後一層此の両者の上に発展を見るものと思う」（旧字・カナづかいは改めた）。

　木彫り熊が「古くから」作られているというのは、単に誤りだろうか。関係者をしてそう思わせるほど、この頃には定着していたものなのだろうか。報告は、この木彫羆とアイヌ細工は長年作られている割にその「品種」が少ないので、今後は目新しい目先の変わったものを多く持つことが望ましいとし、試作品の図案、写真、素材や塗装などを提示している。

　熊のほうは、「写実」的な「置物」だけでなく、ペン皿、煙草入れといった実用品に、独創的で個性ある熊を配するというものである。また、写実的な表現が主であるため黒色系の塗装に偏っているが、外国製の塗装をしない楢（ナラ）材の小箱などを例に、木材の新しい使い方を紹介している。試作品の二つにキハダを用い、その辺材部である白肌を鼻と両手の先になるよう木取するなど、年輪や斑を表すことも提案している。

　アイヌ細工は、多くはイクパスイ（原文は「ヒゲベラ」）や盆であり、主にイタヤ（カエデ）、アサダ、エゾマツ、柳（樹種不明）、または

オンコ（イチイ）材が用いられたと記している。独自のアイヌ文様と根気よく規則的に削られた表面に、機械製とは全く異なる良さがあるという（原文には誤解を含む差別的な表現も含まれるため、取捨した）。趣味の品として蒐集家には販路を持つが、みやげ品としてもっと大衆向けの物が望まれるとし、イクパスイを糸で簾状につないだ「テーブルセンター」（鍋敷き）などの試作品が掲載されている。

　これらは昭和15年に開催される予定のオリンピックを見込んだものだったようだが、戦争によりこの試みが活かされる機会はなかった。しかし、これらのアイディアは、後のみやげ品製作につながるものと考えられる。

第5節．戦後の北海道観光ブーム

　戦後復興のため、観光は公的な支援を得て速やかに取組みが始まった。各地に観光協会や観光連盟が設立され、交通網が整備された。旅行雑誌での北海道特集が増え、ガイドブックや観光客向けの小冊子も多数発行された。

国立民族学博物館「アイヌの文化」展示場
（2016年のリニューアルで木彫り熊を展示した）
（齋藤玲子 撮影）

　昭和30年代から40年代にかけて、北海道観光ブームと呼ばれる時代があった。このときに生産された民芸品は種類も量も膨大で、アイヌも多く携わっており、現在の工芸家たちは自身や父母などが何らかの形で影響を受けていると言ってよいだろう。木彫

り製品、特に熊は作れば売れる時代であり、みやげ物を扱う業者は製品の確保・安定供給に奔走したという。

　この時代のみやげは圧倒的に木彫品が多かった。冷蔵品を扱う宅配便も発達しておらず、今ほど食料品の人気は高くなかった。

　しかし、昭和40年代まで北海道みやげの主力となってきた木彫り熊も、住宅事情の変化などから置物や壁掛けを飾る習慣が薄れるとともに、キツネやフクロウなど他のモチーフに人気が出てきた結果、販売は低迷していく。それとともに木彫を生業とする人の数も最盛期からは2桁減り、いまは全道で数十人というところだろうか。

　2008年に国会で「アイヌ民族を先住民族とすることを求める決議」が可決され、翌年提出された「アイヌ政策のあり方に関する有識者懇談会」報告書には、産業振興として、工芸技術の向上、販路拡大、アイヌ・ブランドの確立、観光振興等への支援などが盛り込まれた。それにより、検討会議が設けられ、産学官による観光キャンペーンがおこなわれるなど、進展がみられる。2013年には平取町二風谷のイタ（木製の盆）とアットゥシが経済産業省の「伝統的工芸品」に北海道で初めて指定され、マスコミによる報道や物産展などに出品する機会が増えた。木彫から離れて他の仕事に従事していたが、近年また木彫に取り組むようになったという人もいる。

第6節．木彫りの素材

　さて、みやげの変遷を振り返ってきたところで、残りの紙幅を使い、アイヌの工芸に使われる材についてみていきたい。木彫り熊の素材は、シナノキが多い。柔らかくて彫りやすく、加工・乾燥も比較的容易であることが理由である。もちろん、価格や入手しやすさもあるだろう。アイヌは伝統的にシナノキの樹皮から得た繊維を利用していたが、木質部の利用についてはあまり記録がなく、材がどう使われていたのかよくわからない。

　色をつけずに素材を活かしたものでは、暗褐色で堅いエンジュ（イ

ヌエンジュ）や、赤味が強く木目も美しいオンコを用いたものもある。ちなみにエンジュの彫物としては、昭和29年に網走刑務所で製作が始められたニポポ（網走市立郷土博物館館長の米村喜男衛が、樺太アイヌの木偶をモデルに発案）が有名だ。伝統的には臭気が魔除けになるとされ、アイヌは病気が流行したときにエンジュで作った幣や枝を戸口に置いたりした。また、オンコは、旭川で衣文掛けや箸などの細工物にも利用されていた。伝統的には弓の素材とされていたことがよく知られている。

　アイヌは、人間や動物の形を模したものを作るとそこに霊が入り込むとの考えから、儀礼具であるイクパスイ（捧酒箸）やサパウンペ（礼冠）以外に熊が彫られることはあまりなかった。新しく作られるようになった木彫り熊には伝統的に用いられてきた素材はなく、商品としての目的からシナノキ材が選ばれたということになろう。

　ちなみに、シナノキ樹皮繊維も「アツシ織り」（商品名。「厚司織」と書かれることも）の素材として大量に生産されたことがある。第4章で津田命子が書いたように、伝統的にはアットゥシの素材はオヒョウが主であるが、入手しやすいシナノキを材料にした「アツシ織り」は昭和30〜40年代に人気のみやげ品となっていた。

　本田優子の研究により、幕末から多量のアットゥシが交易され、明治14年までは全道で10,000反を超える量が産出されるなど、和人を含む漁業者が労働衣として着用していた可能性が提示された。しかし、その生産は明治後期〜大正期には激減していき、昭和20年代、平取町二風谷に数人しか織る人がいなかったともいわれる。前述の昭和10年の「アイヌ手工芸品展覧会」で、旭川の杉村テキシランがアットゥシ織りで一等賞を受賞しており、姪の杉村京子らにも技術が継承されているので、他所で全く途絶えていたわけではないだろうが、戦中戦後はほとんど織り手がなかったようだ。

　昭和30年頃、みやげ品の開発に取り組んでいた旭川の北海民芸舎が、二風谷で作られたアットゥシを買い上げ、ハンドバッグなど

のみやげ品に加工し始めた。売れ行きは好調で、二風谷と旭川では多くの女性が内職として織り作業に携わった。今はほとんど見られなくなった製品だが、木彫り熊との組み合わせでシナノキの有効な利用法だったのではないだろうか。

　盆や茶托など自らも使用し、古くから工芸品として知られてきたものには、センノキ、カツラ、クルミ（オニグルミ）などの素材が使われている。堅く白い材質のエリマキ（ツリバナ等）は、伝統的に箸やマキリの鞘・柄などを作るのに用いられた。現在は、アクセサリー類の素材によく使われている。前述のオンコやエンジュも食器や文具、箱物に多用されている。これらは彫刻用の木材として、アイヌの工芸家以外にも用いられるものだが、アイヌが古くから木材の質をよく知り、使い分けてきたことを伝えているといえる。

おわりに

　本稿を書いた10年前、（財）アイヌ文化振興・研究推進機構が主催する工芸品展「アイヌからのメッセージ2007 —現在から未来へ—」が一関市、函館市、大阪人権博物館で開催された（同展図録に所収の拙文は2012年に改稿したので、詳細はこちらを参照いただきたい）。ここでは、現在活躍している工芸家たちの作品と、ものづくりをとおしたメッセージが紹介された。

　工芸家の悩みの一つに、素材の入手が困難なことがある。また、博物館でもアイヌの知恵や技術を体験する講習会を開きたいと考えても、同じ課題がつきまとう。伝統的生活空間（イオル）再生事業が着手され、伝承活動に必要な植物の試験植樹・栽培が始められているが、それを存分に利用できるまでには時間がかかりそうだ。二風谷のアットゥシが伝統的工芸品に指定された後、その素材である「オヒョウの持続可能な利用方策」が北海道と北海道森林管理局によって策定された。しかし、これは、ほんの一例に過ぎない。今後も林業関係者の理解と協力への期待は高いと思う。

<引用・参考文献>

1. 旭川市史編集委員会『旭川市 第1巻』(旭川市、1959年)
2. 金倉義慧『旭川・アイヌ民族の近現代史』(高文研、2006年)
3. 川上哲 他「木彫り熊」研究会『北海道の木工芸の起原と現状と未来:木彫り熊のルーツを追って』(＜公財＞アイヌ文化振興・研究推進機構、2005年)
4. 齋藤玲子「アイヌ工芸の200年 その歴史概観」(山崎幸治・伊藤敦規編著『世界のなかのアイヌ・アート』所収、北海道大学アイヌ・先住民研究センター、2012年)
5. 齋藤玲子「藤戸竹喜と木彫り熊とアイヌ文化 - 旭川から阿寒湖、そして世界へ - 」(＜公財＞アイヌ文化振興・研究推進機構編集・発行『現れよ。森羅の生命 - 木彫家 藤戸竹喜の世界 - 』所収、2017年)
6. 藤戸竹喜『木彫熊の歴史について』(私家版、2017年)
7. 北海道・北海道森林管理局『オヒョウの持続可能な利用方策』(2014年)
   http://www.pref.hokkaido.lg.jp/sr/dyr/ohyohousaku.pdf
8. 本田優子「近代北海道におけるアットゥシ産出の様相を解明するための予備的考察」(『北海道立アイヌ民族文化研究センター研究紀要9』所収、2003年)

第9章. 現代のアイヌ工芸
～森に育まれた芸術のいま～

吉原秀喜

はじめに

　アイヌ民族の工芸というと、あたかも原始美術を扱うかのような文脈でとりあげようとする見方が根強くある。確かに、系譜を丁寧にさかのぼれば、歴史的にはかなり古くまでたどれそうだ。しかし、それはあくまでも時間的な源の問題であって、今日我々が目にするアイヌ工芸品のほとんどは、近現代の文化的所産である。博物館が所蔵・展示しているいかにも古そうな作品でさえ、多くは「日本史」で言うところの近世期が上限であろう。
　一方、アイヌ工芸の空間的な源は、日本列島近辺の相対的な位置関係からする「北方」の自然環境にある。とくに多種多様な植物を素材としている伝統的工芸の主要なルーツは、「森」にあると言えよう。そのような意味合いで、アイヌ工芸は森に育まれた芸術だ。それがいまどのような状況なのか、現代の工芸という視点で、また森林との関わりに留意しながら論説する。

第1節. アイヌ工芸家からのメッセージ

　20世紀の最終盤、1997（平成9）年を画期にして、アイヌ文化をめぐる重要なパラダイム転換があった。時期を画す主な要因の一つは、「アイヌ文化の振興並びにアイヌの伝統等に関する知識の普及及び啓発に関する法律」、いわゆるアイヌ文化振興法の制定であった。
　この法律にもとづく事業実施団体であるアイヌ文化振興・研究推進機構は、毎年「アイヌ工芸品展」を開催してきた。少なくとも最

初の 10 年間について見るかぎり、その「工芸品展」はほとんどが、過去に収集されたコレクションの紹介だった中で、近年の新作アイヌ工芸を主題にしたものは 2003 年度と 2007 年度の《アイヌからのメッセージ》展だ。1 回目は「ものづくりと心」を、2 回目は「現在（いま）から未来へ」をテーマとして掲げて開催された。展覧会の企図と出展作品を丁寧に解説した図録が刊行されており（アイヌ文化振興・研究推進機構 2003、同 2007）、可能ならばそれらの参照をぜひ願う。

　筆者が、両展から共に感じ取ることができるもっとも鮮明なメッセージを言葉にするならば、それは、アイヌ工芸（文化）はしっかり継承されていて、新しく創造もされていくであろう。そして、その主体には、アイヌ民族の系譜を引く者たちがなるべきという強い民族的アイデンティティに根ざした主張だ。これについては、つくり手たち自身が明確に語っていることでもあるが、さらにもう一つ、出展された作品群全体に通底したものとして読み取るべきメッセージがあるように感じられる。それは、作品に用いられている素材と意匠の両面における自然との深いつながりであり、この特性はこれからも引き続きアイヌ工芸の重要な表徴として受け継がれていくに違いない、ということである。一部の作家が、そのような「伝統」の束縛から自分たちは自由であろうとしているのだと意図し表明をしていたとしても、である。

　ややありふれた表現となるが、「伝統と創造の相克」と言うべき現象が、アイヌ工芸をめぐっても生じているのだ。それ自体は、忌避されるべき否定的な問題ではなく、むしろ現代アイヌ工芸が一定の活力と健全さをもちながら刻々と移ろいつつあるがゆえの事象だと捉えるべきであろう。そうした意味では、2012 年の「アイヌ工芸品展」として開催された《AINU ART －風のかたりべ》（アイヌ文化振興・研究推進機構 2012）など、紹介したい要注目の試みは近年多いが、まとまっては他の機会を期したい。

第2節. 伝統と創造の相克

　伝統と創造の相克という事象が、たんに新しいものが古いものにとってかわっていくという二項対立的で単線的な構図では捉えがたいのは、現代アイヌ工芸においても、他の諸分野に多く見受けられる場合と同様である。ここでは、「アイヌ文化の里」と称される平取町二風谷に在住する木彫工芸家、貝澤徹氏のご協力を得て、その作風のありようをケーススタディの事例として示す。
　まず、貝澤氏の作品を3点紹介しよう。
＜写真1．木盆（模刻）（貝澤徹 所蔵）＞
　「木盆」は、貝澤氏の曾祖父にあたる貝澤ウトレントク氏による明治期制作の円盆を模刻した作品である。アイヌの木彫と言えば、クマの彫りものを連想する方が多い。しかし、少なくとも日高地方においては、具象物の造形は慎むべきだとする社会的力が働いていたようで、写真のように文様を彫り込んだ盆や小刀、煙草具などの生活用具が主流であり、伝統的とされてきた。ちなみに、こうした作風の系譜は、確実なところで近世後期にさかのぼる。
＜写真2．祈りの椅子（二風谷アイヌ文化博物館 所蔵）＞
　「祈りの椅子」は、カムイノミ（祈り）の際に用いる捧酒箸をモチーフにした作品である。伝世されてきた、一木をくりぬく巧みな技法による細工や鹿角の飾りを加えた新しい造形である。
＜写真3．「梟」（ふくろう）（貝澤徹 所蔵）＞
　「梟」は、鑑賞者が一見するところも、つくり手の自意識としても、伝統的様式とのつながりのない作風である。構図を違えた多様なバリエーションがあり、梟だけではなく森林、河川に棲息する他の動物や魚を対象とした作品も数多い。
　もし仮に、伝統と創造の相克を新旧交替の問題と単純化して考えるならば、貝澤氏における作風の変化もまたこの予見にしたがい、写真1、2、3をある時期の典型としつつ、この順に推移していった、

との説明ですませることができるかもしれない。だが、やはり現実はそう単純ではない。実際には、貝澤氏自身がふり返り了解もしていることだが、概ね3→1→2の順に作風は変わっていった。し

写真1. 木盆（模刻）
（貝澤 徹 所蔵、吉原秀喜 撮影）

写真2. 祈りの椅子写真
（二風谷アイヌ文化博物館 所蔵、吉原秀喜 撮影）

3.「梟」（ふくろう）
（貝澤 徹 所蔵、吉原秀喜 撮影）

かも、いまはこれらの作風がある程度意識的に峻別されたり、混成あるいは融合したりして作品に具現されている。近年における、制作されている数による構成比を示せば、1木盆タイプ：2祈りの椅子タイプ：3梟タイプの比率は、ほぼ1：1：1となろうか。貝澤氏はどのタイプでも優れた作品を制作し、北海道アイヌ工芸品コンクールにおいて最優秀賞である北海道知事賞を3度受賞するなどの実績により、アイヌの人たちを代表する組織、北海道アイヌ協会から「優秀工芸師」として認定されている。

　もちろん、こうした作品タイプ別の比率は誰もがみな同じぐらいというわけではなく、つくり手ごとに異なる。とはいえ、現代アイヌ工芸を俯瞰した場合、作風が混在している状況は、独り貝澤氏にだけ特有のことではない。そして、作家個々の事情や選択が累積した結果として、アイヌ工芸の様相は多様性を増幅しつつある。

　現況の背景に、マーケティング上の戦略、くだけて言うならば買い手の需要に対する考慮という因子が作用しているのは確かである。しかし、つくり手としての貝澤氏にあっては、造形の動機がさまざまであれ、またどのような流儀の作品であれ、自己表現の結実なのである。そして、アイヌ民族系の一人としての自分が作ったものである以上、それをアイヌの美術・工芸とするのをためらう理由はない。ただし、ここは正確を期せば、「いまはない」のであって、かつてはそうしたアイデンティティの自己表明をひどくためらっていたのは、貝澤氏自らが述懐するところではある。

　つくり手ではなく、評論する立場からさらに付け加えると、③の範疇内にある作品さえ、たとえば次のように評することが可能で、筆者は実際にそうしてきた。生きもののディテールをこまやかに、瞬時に体感的に捉える特有なまなざしがあり、それに依拠した表象であるという点で、自然との深いつながりを特性とするアイヌの伝統的精神文化を正統にふまえていると。

　強い民族的アイデンティティが核にあるときに、人びとの活動が求心力も波及力も高める事例は、古今東西、事欠かない。アイヌの

場合にも、アイデンティティの強まりは、工芸をはじめとする文化活動の可能性を大きくしていく重要な要因の一つである。

第3節．イオル構想と伝統文化

　アイヌ工芸と森林との関わりに論述の力点を移していこう。使用されている素材や技術の面で、あるいは歴史的系譜の面で、アイヌ工芸は伝統的な生活用具類と半ば一体のもの、そこから派生したものとみなすことができる。たとえば、萱野茂著『アイヌの民具』(1978) と平取町立二風谷アイヌ文化博物館編『北海道二風谷及び周辺地域のアイヌ生活用具コレクションー国指定重要民俗文化財報告書ー』(2003) には、アイヌの人たちの暮らしを成り立たせてきた生活用具などについて網羅的に解説したものだ。その中には前章で掲げた写真1に類する木盆のような木工品とその作製道具が収められている。これらの著作・報告書は、伝統的な暮らしぶりと自然環境、動植物資源との関連性を理解するためにはとても有益なはずだ。

　さて、先に挙げたアイヌ文化振興法の制定・施行に布石を敷いた「ウタリ対策のあり方に関する有識者懇談会報告」(1996) は、時の内閣官房長官の諮問に答えた重い意味のある文書だが、工芸に関わらせながら次のような提言を盛り込んでいた。

　「③伝統的生活空間の再生　アイヌ文化を総合的に伝承するため、アイヌの伝統的な生活の場（イオル）の再生をイメージし、様々な展示施設等を盛り込んだ空間を公園等として整備することが望まれる。なお、その整備及び管理に当たっては、地元の意向と取り組みを重視し、尊重することが大切である。

　この空間には、自然と共生するアイヌの人々の知恵を生かした体験や交流の場、アイヌの人々の自然観に根差した工芸技術の伝承の場等を整備するとともに、その中での伝統工芸の材料の確保等が一定のルールの下に自由に行えるよう所要の配慮を行うことも検討さ

れるべきである。」

　政治への不信感が昂じて、いきなり斜に構え深読みをしすぎる前に、まずは説くところを受け止めてみたい。本稿が論じようとしているのも、工芸と森林をはじめ自然との関わりの深さであり、これからのアイヌ文化振興には懇談会提言にあるように一定のルール・規範をもふくむイオルのような場の整備が不可欠だという点にある。この点は共感できるし、今後の本格的展開を期待したいところだ。

　詳述は紙幅の制約上避けるが、イオル関連施策は「伝統的生活空間」整備事業として国土交通省と文部科学省、そして北海道庁の管轄下、アイヌ文化振興・研究推進機構が主管し、まずは道内7地域で実行されつつある。その推移を見守り、支援・協力が広がるよう、関心を喚起しておきたい。詳しくは、国交省や道庁環境生活部、実施地域の一つ平取町のホームページなどを参照していただこう。

第4節. 環境・文化・景観の連関と工芸の振興

　アイヌ工芸と森林との関わりについて、さらにもう一つ別な側面からの論述を付け加えたい。筆者が近年、平取町の教育委員会や役場アイヌ施策推進課の職員としての職務上多くの時間を費やしてきたのは、前述のイオル構想と共に文化的景観に関する取組である。幸いこれは2007年7月に「アイヌの伝統と近代開拓による沙流川流域の文化的景観」が重要文化的景観として選定され、一応の結実をみた（第一次選定）。範囲を拡大しての第二次選定も受け（2016年）、取組はいまも深化・発展の過程にある。「アイヌ文化の諸要素を現在に至るまでとどめながら、開拓期以降の農林業に伴う土地利用がその上に展開することによって多文化の重層としての様相を示す極めて貴重な文化的景観」（文化庁発表資料：ホームページより）という評価にもとづくものである。ここでは、選定にいたる過程で行われた調査による成果の一端を糸口に、文化と景観と環境とのつながり、そしてそのような連関における結節の一つとしてのアイヌ

工芸という観点に立って、森林のあり方に関する問題提起をしておきたい。

ここに掲げたのは、調査協力者として主に自然景観に関する分野を担当した三木昇氏（北ノ森自然伝習所）が作成したものを、本稿の論旨に即して組み合わせた図である。A・B・Cは、沙流川流域、とくに中流部における森林景観の想像図であり、そのおおよその変遷を図解している。以下の解説も三木氏の研究成果（三木2007年）に依拠して行う。

図Aは、近世後期における森林景観のイメージである。針葉樹ではエゾマツ、トドマツ、広葉樹ではミズナラ、ハルニレなどの巨大木を含む針広混交林の樹冠が成す遠望は、たとえるならば野菜のブロッコリー状な広がりの中に、細長い円錐状に背の高い針葉樹が目立つ景観だったと推察できる。古来の文化伝統を育んだ自然環境を象徴する景観である。

図Bは、明治中期の森林景観のイメージである。産業的伐採は大径木の、とくに針葉樹が先行したようだ。皆伐ではない場合も、伐採が重なると、残された樹木の径級は小さくなっていく。

図Cは、大正期から昭和初期にいたる時期の森林景観のイメージ

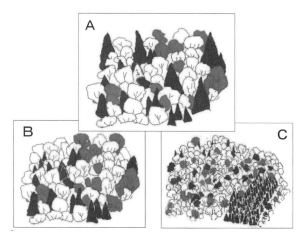

図A・図B・図C

であり、現在に通じる。落葉広葉樹林化が進み、樹冠が全体に小型化、凹凸の少ない遠望となる。緩斜面を中心に植林も進む。

　以上は想像図の概説である。景観を切り口に自然環境の把握、保全へとアプローチする試みの一端だ。川筋の森林を、いまからさかのぼって全面的に図B、さらに図Aのような状態に回復させるのは不可能であろう。しかし、A・B・Cが混在する状況は、仮に面積比に強くこだわらなければ、比較的容易に目標として想定しうる。それは少なくとも自然環境の面では、現状よりも多様性を増した状態とみなすことができる。重要文化的景観選定の申し出にあわせて策定された「平取町文化的景観保存計画」（2007）には、こうした観点から景観を指標とした森林保全の推進が盛り込まれた。

　文化的景観の構成要素として森林を重視する意義をアイヌ工芸との関わりに絞って考えるならば、次の諸点が指摘できよう。①素材の供給源を確保し豊かにできる。②制作上の精神的素材、アイデア、モチーフの供給源としても同様。③森林施業や環境問題に関する事業・活動等との連携により、工芸振興への理解、支援を波及させうる。④一連の取組を通じて、アイヌ文化と森林の関わりを実地で習得した人材を育成できる。

　イオル構想とも通底するところが多々あることが連想されよう。即効性がないかに思われるが、時流を考慮すれば、取り組みの必要性や目標を速やかに共有できる基盤は広い。文化も景観も環境も、単純な復古はありえないとはいえ、どの分野でも、多様性（diversity）回復と活力 (dynamism) 増幅は密接に関連し、緊要な課題なのだから。

まとめにかえて
～相互に育みあう関係を～

　現代のアイヌ工芸についてその状況の一端を紹介し、今後の展開を推測する手がかりとなる予兆や課題について、事例を交え概説してきた。

　大局的に観るならば、アイヌ工芸は新たな隆盛の兆しを示してい

る。その動向の中で、個々のつくり手たちは、活動の自由度と創造性を高めていくだろう。逆説的だと思われるであろうが、自由と創造の度合いは、工芸家たちが、アイヌとしての民族的アイデンティティにより強くこだわり依拠したときに高まる。アイヌ民族の工芸家が造るものがすなわちアイヌ工芸なのだとする定義がありえるが、論理上あるいは倫理上、それはたんなる強弁ではないからだ。そのような定義は、意外かもしれないが、つくり手をいわゆる伝統の形式的束縛から一気に解き放ちさえするかもしれない。

　一方で、民族的アイデンティティは、「はじめに」でふれた「時間的な源」と「空間的な源」に対するこだわりともなる。そのこだわりは一見、束縛につながるかのようである。また、独自性を繕う、つまり「らしさ」を安直に演出する奇をてらったアイテムとなる場合もあり、要注意だ。だが、ものごとの根源と系譜に関する探求を重ねたうえでの参酌が、斬新なアイデアの創出をもたらす例も多い。つくり手の自由度と創造性を高める資源の宝庫を、「伝統」に見いだすことが可能である。

　本章の標題で、アイヌ工芸を「森に育まれた芸術」とした。空間的な源である「森」が豊かさを増すかどうかが、現代アイヌ工芸の帰趨、そして個々の工芸家の自由な創作にも大きな影響を与えるであろうという示唆と期待を、そこには込めている。牽強付会の論ではないことを、森林、林業、そしてアイヌ民族・文化に関心を寄せ続けてきた読者の方々ならば、了解してくださるはずだと願いながらの論説である。

<引用・参考文献>
1. 貝澤徹・吉原（米田）秀喜編『アイヌ伝統工芸振興のための課題と方策に関する共同研究』（二風谷観光振興組合、1998年）
2. 財団法人アイヌ文化振興・研究推進機構『アイヌからのメッセージーものづくりと心ー』（同機構編集・発行、2003年）
3. 財団法人アイヌ文化振興・研究推進機構『アイヌからのメ

ッセージ－現在（いま）から未来へ－』（同機構編集・発行、2007年）
4. 財団法人アイヌ文化振興・研究推進機構『AINU ART CONTEMPORARY AINU ART AND CRAFTS － 風のかたりべ』（同機構編集・発行、2012年）
5. 平取町教育委員会『北海道平取町文化的景観保護推進事業第2年次報告書』（同教育委員会編集・発行、2007年）
6. 三木昇 2007「自然植生景観の変遷」（上記報告書に所収）
7. 萱野茂著『アイヌの民具』（アイヌの民具刊行運動委員会、1978年）
8. 平取町立二風谷アイヌ文化博物館編『北海道二風谷及び周辺地域のアイヌ生活用具コレクション－国指定重要民俗文化財報告書－』（2003年）
9. 『ウタリ対策のあり方に関する有識者懇談会報告』（アイヌ政策推進会議HPより、内閣官房アイヌ総合政策室、1996年）
10. 『アイヌ政策のあり方に関する有識者懇談会報告』（出典は9と同じ、2009年）

第10章. 考古学と木の道具

田口 尚

はじめに

　アイヌ文化の遺跡は、チャシ跡、集落跡、墳墓跡、貝塚、送り場跡などの一部が調査されている。この時代の遺跡は発掘調査の過程で偶然に発見されることが多く、試掘調査などで事前に発見されることは少ない。その要因は、現在の田畑の耕作や地形改良により削平されているうえに、家屋など生活施設が打込み柱構造の平地式建物や高床建物であるために、明瞭な窪みとして確認できないことによる。さらに、これまで使用してきた土器や石器を持たず、多くの生活用具が腐食・風化しやすい樹木や植物質、あるいは金属製品などとの複合材料を主体としているためである。したがって、発見される遺物は、旧石器～擦文時代等に比べて残されるものが少なく、極めて散点的となるため、小規模な試掘調査において発見されることは稀である。さらに一般的な台地上の遺跡では、炭化した状態でない限り、樹木で作られた有機質製の各種生活用具は、風化してしまう。遺跡立地や土壌などの好条件が複合する良い埋蔵環境がそろってないとアイヌの生活用具を残す遺跡を発見できないのが現状である。しかし、最近の大規模発掘調査によって、河川や湖沼に隣接した低湿地遺跡と呼ばれる有機質製の生活用具を伴う遺跡の発見例が増加している。出土した生活用具の製作技術や使用痕、素材選択等の詳細分析からアイヌ文化の実態が少しずつ紐解かれてきている。

第1節. 低湿地遺跡とは

　考古学では河川、湖沼、湿原あるいは堀跡の縁辺から水面下に立

地する遺跡を「低湿地遺跡」や「低湿地性遺跡」と呼んでいる。このような遺跡には、当時の構築材や木製生活用具をはじめとする各種用具や食物などが、泥炭層や湧水によって真空パックされたかのように風化・腐植をせずに残されていることがある。ここからは、生活の痕跡として用具製作の断片や削り屑、食した動物・植物遺体等の各種残滓が送り場や廃棄場跡として残されていることが多い。低湿地遺跡では、動植物、昆虫、花粉、珪藻類、樹木などの種類や組み合わせから、当時の環境・季節・気候なども窺い知ることができる。失われた過去の風景や生活環境を現代に蘇らせてくれるタイムカプセルのような遺跡である。

第2節．木材の樹種同定と最新の技術

　野外に生育している樹木などは、その形態的な特徴として、花・実・葉・樹皮などの特徴をもとに分類し、同定される。構築材や用具などの加工された木材や工芸品では、木口・柾目・板目の三断面の特徴、色や木目、あるいは臭いなどによって同定される。加工された木材のうち、数千年から数百年もの間、土中にあったものは表面がブヨブヨに腐り、特徴的な細胞構造や成分の一部が欠落あるいは減少し、多くの識別情報を失っている。しかし、そのような材であっても、光学顕微鏡や電子顕微鏡を用いて、三断面の細胞を数十～数百倍に拡大して観察すると、細胞の種類や配列などの微細構造が、樹種によって各々特徴的であることを確認できる。出土遺物は、劣化状況により多少の差異もあるが、意外にも多くの識別情報を残している。低湿地出土の多量の水分を含んだ材では、組織のプレパラートを作成し、主に光学顕微鏡を用いて同定する場合が多い。

　ここで同定方法の概略を説明する。生木の加工材や水漬けの出土材では、木材表面から約2～5mm四方以下の切片をカミソリでごく薄く切り出す。1点の資料からは、1年輪以上を含む、木口面、板目面、柾目面の3断面のプレパラートを作成する必要がある。こ

写真1. イチイ
（左）木口面　（右）板目面

れを徒手切片法と呼んでいる。サンプル採取はできる限り木製品観察の邪魔にならない箇所を選ぶ必要がある。切片はごく薄く切りとるので、保存処理後に採取位置が判らなくならぬように、事前に実測図や写真に採集箇所を記録しておく必要がある。この作業を怠ると切片採取箇所を印刻等の加工痕と誤解される場合があるので注意が必要である。採取した切片は乾燥を避け、濡れたままスライドガラス上にのせ、カバーガラスで封入し、生物顕微鏡を使用して検鏡作業に入る。焼失家屋等の炭化材の場合は、一般的に走査電子顕微鏡を使用することが多い。基本的には先述のように約2～5mm角程度の3断面を剃刀で切り出し（割る）、専用の接着剤（ドータイト）で試料台に固定し、金蒸着を施してから細胞を観察する。走査電子顕微鏡は、試料ステージを自由に回転させることができ、ほぼ試料全体にピントが合うので、細胞構造の特徴を容易に観察することができる。簡易的には、金属顕微鏡やビデオマイクロ装置等を用いて同定する場合もあるが、1000倍前後の高倍率で分野壁孔や数珠状末端壁などの微細構造観察が重要となるため経験と技術が必要となる。切片などを採取できない脆弱な試料の場合には、炭化材同様に三断面をエポキシ樹脂などに予め包埋し、各断面を40μm程度に薄く研磨し、プレパラートを作成する。脆弱な水漬け出土材では、真空凍結乾燥機を用いて強制的に水分を昇華させてから走査電子顕微鏡で観察する場合もある。しかし、極少量であっても遺物の破壊を伴う観察・同定となるため、考古学者や民族学者によっては、遺物の現状保存の

観点から三断面を採取して同定することを敬遠する者も少なくない。しかし、最新技術のマイクロフォーカスＸ線ＣＴスキャナーを用いた方法では、非破壊で広葉樹の樹種同定が、可能となってきている。年輪を用いた年代測定においても、Ｘ線ＣＴスキャナーが活用され、樹齢や製作年代はもとより、当時の気候変化、樹木の産地推定が実施されている。貴重な文化財を非破壊で測定できることから、貴重な仏像や漆器などの過去の修復痕跡、虫食いや亀裂の診断など、木製文化財の健康診断にも有効な調査技術のひとつとなりつつある。また、年代測定では、C^{14}放射性炭素測定法（AMS）よりも精度が高い酸素同位体年代測定法が研究開発され、１年輪毎の年代を知ることが可能となってきた。昨今の急速な科学技術の進展により、樹木から多種多様な情報を得ることができるようになってきた。

第３節．考古学における樹種同定の役割

　出土木製品の樹種を明らかにすることは、当時の木材利用・個別の用具の樹種選択の実態を知るばかりではなく、遺跡周辺の植生や人々の移動および交易関係を推測する手がかりとなる。しかし、北海道では、低湿地遺跡の調査例が本州各地に比べ少ないため、比較検討資料も少なかった。道内で大量に樹種同定された縄文時代木製品の例では、小樽市忍路土場遺跡、余市町安芸遺跡、石狩市紅葉山49号遺跡がある。続縄文時代では、江別市江別太遺跡、擦文時代では、札幌市サクシュコトニ川遺跡、同K39遺跡などがある。アイヌ文化では千歳市美々８遺跡、同ユカンボシC15遺跡などの調査により、大量の樹種同定結果を得ることができた。道東北では、擦文時代やオホーツク文化期等の焼失家屋内の炭化材を中心に樹種同定が実施されはじめている。今後は道南部の調査が期待される。

　縄文時代の焼失家屋から検出された構築材を比べると、道央や道東北では、トネリコ属（ヤチダモ等）、コナラ属（ミズナラ、カシ

ワ等）、ヤナギ属が多用されるが、道南部では縄文時代前期～後期にかけて、構築材の7割以上をクリ材が占めるという特徴が見られる。しかし、縄文後期以降は、クリ材使用が極端に減少し、コナラ属、トネリコ属に代わる。また、道東北では地域性を反映し、モミ属（トドマツ）の使用が多い。この傾向は、特にオホーツク文化の焼失家屋で顕著であり、構築材の主体がモミ属となる。サハリンなど元居住地の環境と同様の樹種選択をしているものと推測できる。擦文時代では、道南部においてトネリコ属が主体を占める。道央部ではトネリコ属が4割を占め、続いてコナラ属を利用している。道北ではやはりモミ属が主体を占め、オホーツク海沿岸部では、コナラ属とモミ属が利用される。立地環境やオホーツク文化の影響を残しているのであろう。道東の釧路・根室地域では、コナラ属が主体を占め、ヤナギ属、ハンノキ属が続き、湿原性の樹木を利用している。樹種選択は、北海道における地域性や文化交流の変遷を示しているものと思われる。また、縄文時代の漆塗櫛の櫛歯を樹種同定すると興味深いことが判明した。本州出土の櫛歯はムラサキシキブが多用されているが、北海道ではノリウツギやカツラが使用されているのである。墓坑から多量に出土する漆塗櫛は、本州からの移入品では無く、自家製作している証拠となりうるのである。ただし、ウルシノキの自生はまだ道内で確認できていない。当時にウルシノキがあったか？樹液のみを交易したか？効率の悪いツタウルシの樹液を使用したのか？昨今では、花粉・種子・木材を種レベルまで同定可能となったため、過去の調査試料を含め再検証と精査が進められている。

　これまでは「アイヌ民族誌」や「アイヌ植物誌」を参考に出土木製品の用途や樹種などを推測してきた。考古学による樹種同定の実施は、民族誌や植物誌の内容を検証する上でも、極めて重要な作業のひとつとなってきた。さらに、文化財の保存科学的な側面では、木製品の埋蔵環境や樹種別の組織劣化状況等のデータから、それぞれの木製品劣化状態に合った保存処理薬品や処理方法の検討、修復

材の選択にも活用できる。昨今では、文化庁の指導のもと、低湿地遺跡調査の増加傾向にあり、諸外国同様に水中遺跡調査が奨励される方向にある。今後とも、時代別や地域ごとの樹種同定数を増加させ、民族資料を含めた比較検討資料となりうるデータの蓄積を推し進める必要がある。

第4節．アイヌ文化の出土生活用具の樹種

　この時期の樹種同定は、美々8遺跡の調査を契機に、勢力的に実施されるようになった。各種生活用具の樹種同定から各層位ごとの樹種構成をはじめ、伝承と民族誌との比較検証に極めて有効であることを実証された。アイヌ文化期（中近世）の発掘調査においては、遺跡周辺の樹木から自家制作した自製品、本州や北方地域との交易品（和産物・搬入品）、他地域のアイヌとの交易品などが含まれる。

　アイヌ文化に特徴的な器種の用材傾向（樹種選択）を概観する。

　道央部においては、多様な広葉樹・針葉樹が有用材として使用され、バラエティに富んだ樹種構成となっている。スギ属・ヒノキ属・アスナロ属・ケヤキ属などの本州材の使用頻度は、擦文文化に比べて大きく増加する。特に美々8遺跡では、本州材が多く見られた。遺跡は立地的にも河川を利用した内陸交通の要衝にあり、和人の往来も多く、本州材や和産物を入手しやすい環境にあったと思われる。多岐にわたる交易品の流入とともに、使用樹種の種類も増加する。それに対してユカンボシC15遺跡の営まれた年代は美々8遺跡よりも古く、擦文～中世頃が主体となっている。遺跡周辺の樹木を活用した自家製品を中心とする伝統的アイヌ文化を継承する遺跡であったと推測できる。

　舟では丸木舟［チプ］と板綴舟［イタオマチプ］が出土している。丸木舟ではカツラ40%、トネリコ属40%、ハリギリ20%である。板綴舟の舟底（舟敷）は丸木舟であり、舷側上部に連属する紐孔

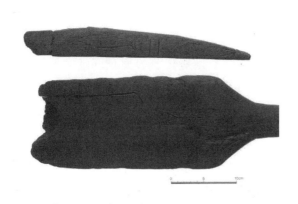

写真2. メカジキの線刻画のある早櫂など
（上：ハンノキ 下：サクラ属）（美々8遺跡）

を穿ち、舷側板を縛りつける構造になっている。樹種はカツラ21％、ハリギリ21％、ハンノキ属15％であり、道央圏における船材の伝承と合致している。舟の舷側板は、ハリギリ40％を占める。舟を漕ぐ早櫂（パドル型）は、モクレン属24％、ハンノキ属14％、トネリコ属14％、車櫂（オール型）では、モクレン属41％である。車櫂をのせる車櫂受台部は、モクレン属23％、モミ属16％である。櫂に使用される材では、モクレン属の選択率がやや高い傾向がある。水を掻き出す垢とりでは、ハンノキ属41％、ハリギリ33％となっており、舟や舷側板と同一素材で制作されている。

特徴的な漁労具には、魚突鉤銛［マレク］と呼ばれるサケ・マス捕獲用の銛がある。ノリウツギ29％、カエデ属15％が多用されている。回転式離頭銛［キテ］中柄は、ノリウツギ68％と選択明瞭である。棹もコナラ属62％と選択が明瞭である。キテを投げ飛ばすときに指を引っ掛ける指掛部には、ノリウツギ29％、ヤナギ18％などが使用されている。魚叩き棒［イサパキクニ］は、サケ［カムイチェプ］の捕獲直後に頭部を叩いて撲殺し、鮮度を保つ目的とサケの魂を神の国に送るという木幣［イナウ］のような機能を有する。ヤナギ属・ハンノキ属など、民族誌におけるイナウと同様の樹種が選択見られる。狩猟具の弓［ク］には、イチイ61％、ニシキギ属13％が選択されている。イチイはアイヌ語名でクネニ［弓になる木］の意味がある。ニシキギ属（マユミ）も古来より弓に適した樹木である。北海道の縄文時代では、ハイイヌガヤが主であった

が、続縄文時代以降では、イチイが一般的となる。木鏃ではノリウツギ63%、矢中柄ではアジサイ属が85%を占める。アイヌ語名ではラスパニ「中柄にする木」の意味があり、刺突を目的とする器具には、ノリウツギの選択率が高い。矢柄や矢筈ではモミ属36%、カエデ属18%が見られる。山刀［タシロ］柄や刀［エムシ］柄や木製鍔は、カエデ属が中心である。刀子［マキリ］柄では、カエデ属が50%を占める。刃物の柄部分に使用される樹種では、カエデ属が多用される傾向がある。刀子鞘ではシラカバ樹皮製の鞘が多数出土しているが、国内の伝世アイヌ民具には、現存するものは残っていない。樹皮は油分に富み、軽く通気性が良く利にかなっている。古墳に副葬される鞘付石製刀子と同様の形態を有していることは興味深い。回転摩擦式発火具のうち、火きり杵ではニレ属41%のほか、スギ属29%、アスナロ属12%などの搬入材が転用されている。火きり臼ではニレ属18%のほか、スギ属・ヒノキ属など搬入材転用が35%を占める。ニレ属（ハルニレ）は、アイヌ語名でチキサニ「我らこする木」の意味がある。火おこしに最良の木とされるが使用割合はやや低い。スネニ（燈火用挟み木）はカエデ属・コナラ属・ハンノキ属などの先端を割裂きシラカバ樹皮巻を松明として挟んで夜間のサケ漁など用いられる。雪上歩行用のカンジキ［チンル］はクワ属製であり、横軸にはノリウツギが94%使用され、尖端を加工して挿入されている。掛け矢［トウチ］はコナラ属、竪杵にはコナラ属・トネリコ属・モクレン属が使用される。木槌には各種用材が利用されており、コナラ属30%、サクラ属21%、カエデ属12%である。曲物［カモカモ］、板組物，結い物（桶・樽）は、アスナロ・スギ属・ヒノキ属などがあり、本州や道南部からの搬入品である。これらの廃材は、箸［イペパスイ］、串［イマニッ］、箆［ペラパスイ］、発火具、捧酒箸［イクパスイ］などに転用されている。刳り物の皿・鉢類にはハリギリ・ハンノキ属・トチノキ・オニグルミで製作された自製品もある。漆塗椀［イタンキ］の樹種では、ブナ属48%、トチノキ17%、ケヤキ14%、クリ5%が多い。漆器類の多

くはアイヌ向けの廉価品とされてきたが、中世から近世前葉におけるアイヌ文化ではケヤキ属製で、布着せ、堅牢な塗りの蒔絵や箔椀などの有品も見られる。杓子［カスプ］はモクレン属55％、カエデ属31％、ハリギリ7％の樹種選択されている。しゃもじ（箆杓子）は、スギ・ヒノキなどの針葉樹材を転用利用する率が高い。農耕具の鉤鍬［ニシッタプ］は、股木取りしたコナラ属27％、カツラ属18％、トネリコ属18％などを利用している。他にブナ属製の直柄鍬の風呂部分が出土している。アイヌ文化を特徴づける祭祀・儀礼具には、熊送りやチセ（家屋）構築の際に射られる花矢［ヘペレアイ］がある。ノリウツギが92％と樹種選択が明瞭である。木幣［イナウ］には、ヤナギ属40％をはじめ、トネリコ属・ミズキ属が利用される。カンナ屑のような薄い削りかけ［キケ］部分は腐食し、残存していないが、作出位置に削り痕跡が明瞭に残る。捧酒箸［イクパスイ］は、神に酒をささげ願いや気持ちを伝える役目をはたし、漆椀と共に用いられるアイヌ文化に特徴的な用具である。アイヌ民族誌では、ヤナギ属やミズキ属を素材とするとされるが、伝承や民族誌と異なり、搬入材のスギ・ヒノキなどの転用率がもっとも高い。割裂性が良く、加工が容易な点と選択の理由と思われる。上ノ国町勝山館跡で発見された中世末の3本のイクパスイも針葉樹のヒノキアスナロであった。伝世アイヌ民具についても、樹種を検証すべき重要な祭祀用具である。制裁棒［ストゥ］は、すべてコナラ属で製作されており、仲たがいなどの場合に互い背中を打合う精神的な儀礼具である。建築部材全体ではコナラ属27％、トネリコ属21％が主体を占め、遺跡周辺の広葉樹材の利用が一般的である。築施設［テシ］（漁止め漁獲施設）では、建築部材同様に、トネリコ属53％、コナラ属39％が主体としており、擦文時代と同様の組成である。以上のように、アイヌ文化の低湿地出土の多量の木製品は、廃棄されたものが、河川流路などに自然集積しただけではなく、川岸に繰り返し、意図的な「道具送り儀礼」［イワクテ］が行われた結果、遺跡内に残存したとものと考えている。

おわりに

　以上、アイヌ文化における樹種選択は、はじめは擦文文化同様に遺跡周辺の地域植生を反映した伝統的な生活用具に見合った樹種選択であった。しかし、次第に増加する和人との交易によって搬入される本州産の生活用具（樹種製品）も増加した。遺物からは廃材となった本州産用具をアイヌ自身の食用具や捧酒箸［イクパスイ］に転用や加工していく状況が顕著に認められる。しかし、一方で漁労や狩猟具では、擦文時代からの伝統的な樹種選択が、連綿と継承されていることが、アイヌ文化の特徴的な傾向として見えてきた。樹種選択の比較検討は失われつつあるアイヌ文化の復元に欠かすことができない作業と言える。

　繰り返しになるが、現状の樹種同定データの多くは道央部に限られており、発掘調査による出土木製生活用具も質や量とも充分とは言えない。今後は伝世アイヌ民具を含めた全道的な樹種同定データの蓄積を勢力的に実施し、同時に周辺北方諸地域における樹種選択傾向とも比較することが、今後の重要な課題となろう。

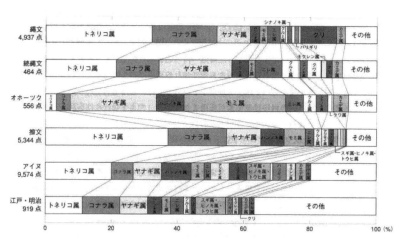

表．出土した木製品の時代別樹種選択
（『木の考古学』＜2012＞より）

<引用・参考文献>

1. 高橋正勝ほか『江別太遺跡』(江別市教育委員会、1979年)
2. 田口尚・三浦正人ほか『小樽市忍路土場遺跡・忍路5遺跡』(北海道埋蔵文化財センター、1989年)
3. 田口尚ほか『美沢川流域の遺跡群ⅩⅩ千歳市美々8遺跡(低湿部)』(北海道埋蔵文化財センター、1997年)
4. 三野紀雄「先史時代における木材の利用-竪穴住居の建築材料としての針葉樹材について-」(『北の文化交流史研究事業 研究報告』所収、北海道開拓記念館、2000年)
5. 藤井誠二ほか『K39号遺跡第6次調査 札幌市文化財調査報告書65』(札幌市教育委員会、2001年)
6. 三浦正人ほか『千歳市ユカンボシC15遺跡(6)』(北海道埋蔵文化財センター、2003年)
7. 乾芳弘ほか『安芸遺跡』(余市町教委員会、2003年)
8. 石橋孝夫・工藤義衛ほか『石狩紅葉山49号遺跡 発掘調査報告書』(石狩市教育委員会、2005年)
9. 石橋孝夫・工藤義衛ほか『石狩市紅葉山52号遺跡=札幌市K483遺跡発掘調査報告書』(石狩市教育委員会、2009年)
10. 三浦正人・田口尚「11章北海道」(『木の考古学 出土木製品用材データベース』所収、海青社、2012年)

第11章. 流れ寄る樹
~千島列島における木材利用の歴史~

手塚 薫

第1節. 国際的な枠組みによる千島列島の調査

　筆者はアメリカ・ナショナル・サイエンスファンデーション（全米科学財団）による研究費の支援(NSF ARC-0508109; Ben Fitzhugh, PI)を受けて、2000年代に入ってから数度の夏を米露の研究者らと共に千島列島のほぼ全域で「千島列島の自然環境に人がどう適応していったのか」という島嶼生物地理学上の研究テーマを掲げてフィールドワークする機会をもった。オホーツク海で船に揺られ、亜寒帯地域に分類され、高木が分布せず、ハイマツが生い茂る離島を巡る旅はまた、千島列島に居住した人たちによる木材の利用を考えるまたとない機会ともなった。

第2節. フィールドワーク中のキャンプ生活

　千島列島の調査時には、母船から島に上陸し、調査の合間に休憩を入れたり、昼食を挟んで調査を継続し、島で夜を過ごさずに母船に帰るという生活が続いた。場合によっては数日から10日間ほど島でテント暮らしをする場合もあった。どちらの場合も島に上がってから確実にやらなければならない仕事が飲料水と薪の確保であった。海草にびっしりと覆われ、漂着物が近づかないような浜辺や探索が難しい岩礁地帯は別として、量の違いこそあっても大抵なにがしかの薪は入手可能である。流木であれば、雨や潮風にさらされていない比較的乾いた物をひとしきり集めそれに火をくべることになる。風向きを計算に入れながら、石囲いを慎重に組み立てる。そしてたきつけ用に流木をナイフで薄く削ってたき火の中央に重ね、そ

の周囲に小枝を並べ、さらに丸太や大振りの木材を置く。一瞬のうちに木片に火が燃え広がり、一気に燃焼温度を上げて枝や薪に燃え広げやすくする。こうした作業を手際よく行なえるのは例外なくロシア人の男性である。学生時代から夏休みの林間学校で鍛えられ、それ以外にも家族や友人とキャンプを行なう機会が多いせいらしい。こうした作業専用に自分用の斧を所持している人も珍しくない。無事に火がつくと、あらかじめ炎の直上に鍋底があたるように渡された横木に水や食材の入った鍋や飯盒を掛けるのである（写真1）。

写真1．手早く炊事を行うロシア人隊員。燃料は浜辺で拾い集めた流木である。
（ウルップ島の太平洋側南端のカプセル岬にて）
（手塚薫 撮影、2006年）

このように、短期間のキャンプ生活では現地で調達した流木が主な燃料であるが、数日も同じ地点に滞在し、炊事を行なううちにテント周辺の流木はあらかた消費されつくし、徐々に遠方の木材を運搬することを余儀なくされる。運ぶのに適したサイズの流木ばかりがあるとは

写真2．ウルップ島南西部のオホーツク海に面した『温泉崎』で露天風呂に浸かる調査隊のメンバー。
（写真家 伊藤健次氏 撮影、2006年）

限らない。かくて筋肉痛と一日の疲れをいやすのは野趣に富む温泉に浸かるほかはない（写真2）。こうしてキャンプ地の移動と木材を運び込む煩わしさとを天秤にかけることになる。

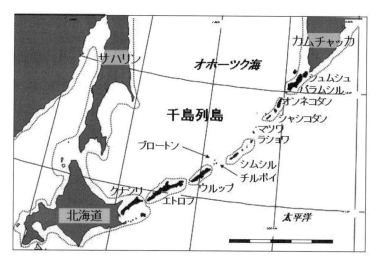

図1. 千島列島の地図
（破線は最終氷期のおおよその海岸線）

第3節．千島列島の植生と住居構造

　北日本の植物相研究の第一人者舘脇操氏によって1933年（昭和8年）に提唱された宮部ラインはエトロフ島とウルップ島の間に引かれ、北海道を含む亜温帯区系域の汎針広混交林帯とアリューシャン列島やカムチャツカ半島を含む亜寒帯植生の境界となっている。すなわち、このラインより北東方向には、エゾマツ、グイマツ、トドマツなどの針葉樹とイタヤカエデ、エゾヤマザクラ、ミズナラなどの広葉樹は分布しないことを示している（図1）。
　中部千島列島以北に居住することになったアイヌ民族の間では、住居用建材や燃料の確保が難しいことから、竪穴住居を採用し、流木や鯨骨、海獣骨などが建材として広く利用されている。
　世界の狩猟採集民族の莫大な民族誌データを渉猟し、竪穴住居の体

系的分類を実施した人類学者の渡辺仁氏によって、千島アイヌの住居は『竪穴式住居 土被覆型 壁出入口式 非中心柱型 単式出入口 四角形』型に分類されていることからもそれは明らかである(渡辺1981年)。

つまり、竪穴全体を土で被覆し、出入口は壁に付けられ、主室の中心柱が存在せず、出入口の数がひとつで、主室の平面形が四角形を呈するという意味である。北海道のアイヌ文化期に一般化する地上式住居に移行できなかった理由としては、鉄製品の供給が限られ、断熱効率の悪い地上式住居で必要とされる暖房用の燃料（薪）の確保が千島では難しく、一方で竪穴住居は限られた材料と構造できわめて大きな防寒効果が得られるからであった。このように燃料に乏しい亜寒帯地域では流木など漂着物の活用が生存の上で重要な決め手となる。

第4節. 近世における燃料消費型の生活様式

近世後期には天明年間の幕吏の調査に続き、1798年（寛政10）幕府支配勘定近藤重蔵らが北海道東部からエトロフ島までを調査している。家屋の造作や燃料を現地で調達するために木こりや炭焼職人を同行させたらしく、近藤重蔵の秘書役で医師でもあった木村謙次は自身の日記（『蝦夷日記』）のなかで次のように書き残している。

「七月廿二日　晴　北風　波音騒耳　佐々木金平弐人丸太切
炭焼三十六人丸太百拾三本切来ル　山へ火をつけ来と云」

『蝦夷日記』（木村1986年）

この時は、エトロフ島への渡海を目前に控え、クナシリ島の東端アトイヤに滞在中の記述である。

一般に近世の野火・山焼きは、焼畑によるものや、森林化を防いで田畑の肥やしや秣・屋根葺き用の萱を取得するための草山の創出・維持に主眼が置かれていたという（水本2003）。

クナシリ島の山に火を放った理由が何であったのか気になるところであるが、大規模な山火事は起こらなかったのであろうか。
　それから10年後のことであるが、エトロフ島で木炭を製造しようとする企てが見られた。
　1806〜07年（文化3〜4年）にかけてカラフトやエトロフ島の和人拠点がロシア船に襲われたため、幕府は東北諸藩に蝦夷地の防備を強化させる。1808年（文化5年）にエトロフ島に派遣された仙台藩士が4月22日にエトロフ島のオホーツク海側中部のフレイヘツへ上陸し陣営を築こうとするも、木立が深く、ことに一面の笹藪で難渋したときの貴重な記録が残されている。いったんは笹原を焼き払おうとするも雪がようやく溶けたころで思うにまかせず、多数の藩士に鎌を持たせて笹を刈る方針に転換する。

「（四月）廿六日右列卒等を初め道分けして刈しむるに持来処の鎌か年鈍くして刈取得春いかゝせんとはからひしに我国右行し夫の内二鍛練の業を為春もの有れハ炭を焼事を知る者在りて鍬鎌を徒くらしむるに事足り後々ハ鉄釘鎚の類迄数多出来ぬ」
『「伊達氏史料」藤原清澄之恵登呂婦紀行』（村上・高橋編、1989年）

　現地で生産された炭を使って鍛冶屋が金属を打ちきたえ、種々の用途にあった鉄製品を製造するまでになったことが知られる。
　別の仙台藩士による史料の中にも、エトロフ島上陸して間もない頃には仙台の冬にあてはめれば11月頃の寒さに相当し、四五里先の山中から刈り出した薪が搬送に手間取り、たき火用に相当数用意していた炭が早くも底をつきはじめたため、

「人足之内炭焼両人撰出シ是も四五里先之山中ニ炭か満を相立近々右炭も相出候筈ニ御座候」
『「伊達氏史料」文化中エトロフ御備頭日野英馬等ヨリノ手簡』（村上・高橋編、1989年）

とある。

　このように和人が蝦夷地に進出する過程で、千島のような未経験の地に防寒対策の不十分な平地式の出張陣屋を築いて定住することは、周囲の山から暖房用の大量の木材を刈り出して消費することに他ならない。居住が長引けば周辺の景観にも相当の変化が生じたことは想像に難くない。近世日本では17世紀後期まで、人口増加と大火に伴う復興事業などにより山林の深刻な荒廃が進行したとされる（Diamond 2005）が、南千島にもその浪費型経済の一端が波及したわけである。千島にもともと存在したエコロジカルな流木活用文化との対照は興味深い。

第5節．授かりものとしての漂流船

　2006年10月に漂着物学会が開催されたえりも町には、百人浜というビーチコマー（海岸を歩いて漂着物を探す愛好家）垂涎の的となった百人浜という海岸があることが学会誘致の大きな理由のひとつとなったという。そういう立地はゴミだけでなく、人の生活にとって有用な資源が流れ着きやすく、日本でも嵐の去ったあとに浜辺で寄り物（漂着物）を拾うことはごく日常的な光景であり、「磯こじき」という言葉もあるほどである。先史時代から狩猟採集民によってもこうした浜に流れ着いた資源は天からのありがたい授かりものとしてあまねく活用されたであろう。

　2007年1月に欧州を襲った暴風によって英国南西部の海岸でナポリという名のコンテナ船が座礁し、船から流出した大量の積荷が沿岸一帯の住民によって物色されたというニュースが報道されて話題になった。海岸には化粧品やおむつからワイン樽や大型のドイツ製二輪車まであったというが、漂着した積荷に明確に適用される法律がないことが略奪行為を拡大させたらしい。現代ですら法整備が十分ではないのにそれ以前の段階では、漂着船の積荷を利用するの

にさして罪悪感など覚えなかったとしても不思議ではない。

　千島に限ってみても、1714年（正徳2年）にエトロフ島に漂着した大隅国の商船の積荷が、現地のアイヌの手によって位の高い者から順番に分配され、位の低い者の手には行き渡らなかったことが商船の乗組員の記録『エトロフ島漂着記』（高倉編1969年）から明らかである。

　このことは和船だけにとどまらない。1783年（天明3年）（一説ではその翌年）にウルップ島に漂着したロシアの大船の積荷を猟業のために来島していたエトロフ・クナシリ・アッケシのアイヌが見つけ、船中の諸品、金銀、衣服、武器などを残らず分配し、その後船を焼き捨てたことが知られる（コラー2005年）。いわゆる辺境地域に居住し、鉄製品等の外来物資にアクセスする機会が限定されている先住民が、難破船の積載物資や船の部材を積極的に利用する慣習が広まっていたとみるべきであろう。船を焼き捨てる行為は、略奪の証拠を消し去るためというよりはむしろ、貴重な舟釘を回収するための効果的な手段ですらあった可能性がある（手塚2003年）。

第6節．漂流民の帰還と流木による船の製作

　1803年（享和3年）11月、奥州北郡牛滝村の慶祥丸が銚子沖で漂流した。漂流中に生き残った継右衛門ら6人は翌年7月、千島列島のパラムシル島に漂着した。カムチャツカに送られ、そこで滞在を認められたものの、レザノフの対日交渉の失敗を機に故国への送還が難しいことをさとった漂流民は小舟にのって脱出し、島伝いに千島列島を南下した。

　途中マキセンらラショワ島のアイヌ男女7名の助けを借りてウルップ島まで渡り、エトロフ島に出向く機会を窺っていた。ラショワ島のアイヌがエトロフ島に現れると、和人に捕まるおそれがあったため、漂流民の懇願にも関わらずアイヌは同行することをきっぱり断った。その代わりアイヌは漂流民に航路を教え、おそらくは海

獣猟のために滞在していたウルップ島の北東方向に位置するマカンルル島(ブロートン島)では流木が少ないため、レフンチリホイ島(チルポイ島)に渡海し、わざわざ流木から船を造ってやって漂流民を送り出した(写真3、4)。このため1806年(文化3年)7月2日、漂流民はエトロフ島のシヘトロ村の勤番所に無事たどり着くことができた。

写真3. かつてアイヌの好猟場として知られたブロートン島。急峻な崖が取り囲み容易には上陸できない。霧が晴れている光景は珍しい。(手塚薫 撮影、2006年)

写真4. チルポイ島の南西端。左は太平洋で、右はオホーツク海。特にオホーツク海側の波打ち際に無数の流木が漂着していた。(手塚薫 撮影、2000年)

「是より先々は渡りも近く、難儀之海上も無之候間、私とも計にて罷越候様申付、海路等之様子相教、鳥革の衣服、鷲之羽、ヲキナの牙、其外食物相送り、マカンルヽ島は流木無数候間、レフンチリホイ島へ相渡り、小舟打立呉相別申候・・・」

(『通航一覧巻之三百十九』)

ヲキナとはアイヌ語で海中の大魚やクジラ、とりわけマッコウクジラの歯を表すとされ、三味線の撥に

写真5. シャシコタン島のドローブニー岬に漂着したマッコウクジラの歯。死後数週間たったクジラから抜き取ったもの。
（手塚薫 撮影、2006年）

加工されるなどして古くから注目されており（宇仁2008年）、交易品として貴重なクジラなどのアイボリーを譲り受けたと思われる（写真5）。流木から漂流民の乗る船を作り上げる技術は、亜寒帯地域に住む者ならではの生活の知恵といえよう。

波静かな入り江や緑豊かな田園を原風景とする純日本的文化価値からは、濃霧、高い木のない高山植物のみの草地、海獣がひしめく岩礁、頻繁に火山灰を降らせる山並み、流木が流れ着く浜辺の光景が日常である島々を、船で渡り歩く生活様式はなかなか理解しがたいものではなかろうか。

<引用・参考文献>

1. 宇仁義和「アイヌの鯨類認識と捕獲鯨種」（『北海道民族学8』所収、北海道民族学会、2008年）
2. 木村謙次「蝦夷日記」（山崎栄作編・発行『木村謙次集上巻』、1986年）
3. コラー・スサンネ「天明年間の幕府による千島探検」（『北海道・東北史研究2』所収、北海道・東北史研究会、2005年）
4. 高倉新一郎編「エトロフ島漂着記」（『日本庶民生活史料集成第4巻』所収、三一書房、1969年）
5. 手塚薫「ウルップ島の帝政ロシア期集落 - 千島列島における交易ネットワークの視点から - 」（『北海道開拓記念館研究報告18』所収、北海道開拓記念館、2003年）

6. 村上直・高橋克弥編『文化五年仙台藩蝦夷地警固記録集成』(文献出版、1989 年)
7. 水本邦彦『草山の語る近世』(山川出版社、2003 年)
8. 渡辺仁「竪穴住居の体系的分類 食物採集民の住居生態学的研究 1」(『北方文化研究 14』所収、北海道大学文学部附属北方文化研究施設、1981 年)
9. Diamond J. 2005 Collapse. New York: Viking.

第12章. シベリアの森から

田口洋美

はじめに

　アイヌの人々の生活と文化は、北海道という枠組みのなかだけでは捉えきれない。そこには一つの人間集団がたどってきた歴史という時間的な蓄積とそれを共有する民族というさらなる空間的な広がりがある。アイヌの人々には北海道アイヌ、千島アイヌ、樺太アイヌといった居住する地域名称を冠した呼ばれ方があるが、現実を生きる人々はこうした地域的な枠組みの中に治まりきれない。私の数少ないロシア連邦極東地域の旅のなかでさえ、アイヌ出身の老婆に出会う機会があった。それはアムール川下流域のハバロフスク地方ウルチ地区でのことであったが、アイヌの人々は、近代以降、明確となった国家的な枠組みを超えて今も生きているのである。そのようなことはアイヌの人々に限らず、人間のダイナミズム、人々が生きようとする積極的な運動の姿といってよく、居住分布図の範囲を超えて幸福を見いだそうとする人々は繰り返し現れてきた。人間は動くものであり、その動く人間を地域ごとに土地に従属するものとして位置づけるのは支配管理する側の思考であり、文化的解釈や説明をしようとする集団の外側に位置する人間の論理に他ならない。

　民族といえば重すぎるかも知れないが、ある地域に生きてきた人間集団なるものを、国家的境界を前提にして捉えようとする思考法は現在も存在し、多くはこれを無意識に許容している。私たちはとりわけ近代以降において思想や主義以前に国家的枠組みを前提に周囲を認識し、思考する性癖を受け入れており、逆に無意識のうちに国家的枠組みの引力圏外に思考を見いだす訓練を受けてはいない。国家が成立する以前に存在した人間集団が形成していた勢力図は、その集団が有する生存戦略と自然環境がパラレルな関係であったと

仮定した場合、アイヌの人々の生活圏、勢力圏は極東アジアの広大な地域に想定できる。

アイヌの人々が森や獣、水と魚、自然界のあらゆるものとの応答のなかで育ててきた関係もまた北海道およびその周辺だけに継承されてきたものではない。極東シベリア地域に居住している先住民族から日本列島にかけて微妙な差異を有しながらも大枠では共通する生活と文化、とくに自然と人間の関係のあり方が存在し、今日でもなお変容しながらも継承されつづけている。そして、当該地域の差異を極端なかたちで見せている、あるいは感じさせているものは農耕という営みがどのように位置付き、あるいはそれぞれの地域がどのような政治経済的コアに向かって自らを戦略的に適応させてきたか、にかかっていると思われる。つまり、歴史的プロセスを経て形成されてきたそれぞれの人間集団がたどってきた社会文化的な文脈に沿って捉え直してみる必要がある。

第1節. 生業技術の相似構造

「豊かな森」その豊かさを引き出すのはその森と関わり、あるいは利用し生きようとする野生生物や人間自身であろう。森を身体の延長線上に認識してきた人々、とりわけアムール川流域の先住民族たちの森との関わりを見てゆくと、アイヌの人々と共通する技術と世界観を見ることができる。いやそればかりか東日本にさえその影を確認することができる。ちなみに私が調査を行っている沿海地方のウデヘの人々やハバロフスク地方のナーナイ、ウリチの人々も、アイヌの人々と共通した狩猟の技術を有しており、第7章で出利葉浩司が記したアマッポ（仕掛け弓）と同様のものが存在していた。仕掛け弓は、野生動物が頻繁に利用することでできた獣道に仕掛けられた、いわゆる待ち伏せ罠の一種であるが、北緯36°付近の中国松花江の赫哲族の記録、凌純声の『松花江下游的赫哲族』にも掲載されており、中国黒龍江省では「伏弩」、同じく中国内蒙古

自治区では「地筒」、北緯65°付近のサハ共和国中央ヤクーチアに居住するヤクートたちには「アヤッ」と呼ばれてきたものである。北緯25°付近の台湾では「弩弓」と呼ばれ、その仕掛けは上記4例と基本的に同じものといっていい。すなわち、仕掛け弓に見られる洗練された技術…例えば、仕掛け弓の照準器や弓を放つトリガー部分の調節溝など、ひとつの仕掛け弓で多種の動物を狙える工夫など…には微細な地域的工夫が散見されるものの、アムール川流域や北海道のみならず、南は台湾、北はレナ、ヤナ川流域にいたるまで、ユーラシア東方（あるいは東アジアといっても良い）に普遍的に見られるものである（写真1、2）。

写真1. 沿海地方クラースヌイ・ヤール村で実施したウデヘ民族の伝統的罠の復元
（クロテン捕獲用の重力式罠ドウイ）（撮影　田口洋美）

また、第5章で秋野茂樹が記したイヨマンテ、クマの霊送りの儀礼にしても、飼いグマ儀礼はアムール川下流域からサハリン、北海道などの限られた範囲に見られるものであるが、"クマ類の霊を送る"という基本的な儀礼（狩りグマ儀礼）はユーラシアから北米にかけての北方帯に広く見られ、さらに飼いグマ儀礼の分布する地域の南側、沿海地方や日本の東北地方のマタギたちに至るまでクマ類が生息する東アジア北東地域に普遍的に存在する。さらにまた、狩りグマ儀礼を、集落をあげてクマの捕獲を祝う行為、集落の年長者らを招き入れクマ肉を振る舞うという行為にまで拡大するならば、さらに分布域は広がりを見せることになるだろう。

写真2. ハバロフスク地方ニージニ・ハルビ村におけるカリバと呼ばれる重力式罠の復元風景。(撮影　田口洋美)

　私は2002年の8月に沿海地方クラースヌィ・ヤール村のハバゴーでウデヘ民族のウトゥンガと呼ばれる丸木舟の製作に立ち会い、これを記録した(写真3参照)。また2005年にはハバロフスク州のコンドン村でシラカバの樹皮を使用したナーナイ民族のオモーチと称する樹皮舟の復元作業も記録することができた。いずれも全長5m50cmあまりのもので、小河川や分水流、三日月湖などで夏期に実施されるマンシュウアカシカを対象とした待ち伏せ猟に使用されてきた。ウトゥンガは現在でも使用され毎年のように製作されているが、オモーチは1998年以来の復元であった。とりわけウトゥンガの製作技術は1982年に新潟県朝日村三面で復元された丸木舟と同様の技術が採用されており驚いたものである。私の数少ない経験のなかでもこの丸木舟の製作技術、その手法は鹿児島県の種子島の丸木舟とも共通する技術であり、日本列島からアムール中流域にまで及んでいる(写真3)。三面の材は、トチ、ナラ、ヤチダモ、センなど、種子島ではゴヨウマツ、クラースヌィ・ヤール村ではアムールシナノキ、ポプラ、ボダイジュ、ヤナギなど、地域的に異なる材が使用されてはいるが、近代以前、その加工用具は斧やチョーナなどの鉄器類であった。東アジア世界周辺にその用途や材が異なっているにも関わらず類似した技術の残存が見られることは、何を物語っているので

写真3．ロシア連邦沿海地方クラースヌイ・ヤール村での丸木舟の製作風景。斧で谷を刻み、横から台形の山を払うことで平面を剥りだす技術は日本でも見られるものである。(撮影　田口洋美)

あろうか。

　沿海地方のウデヘやハバロフスク地方のナーナイやウリチは狩猟採集民（採集狩猟民あるいは猟漁民、魚食の民とも）として認識され、また事実寒冷な当該地域では近年まで農耕を展開することができず、森や河川の自然資源に頼った生活を営んでいた。これらの先住民族の四季の生業サイクル、とくに1960年代を想定して見てゆくと、狩猟の現場である猟場と内水面漁撈の現場である漁場との往復が1年間に2度繰り返されるサイクルとなっていた。晩夏から秋期へカラフトマス漁、シロザケ漁が行われ、これらは乾魚に加工され冬期間に猟場で展開される毛皮獣狩猟や大型獣狩猟の保存食として利用された。解氷期から春期にかけては河川内の小魚類を捕獲して田麩に加工し、初夏に行われるマンシュウアカシカの袋角猟や食肉獲得のための猟場へ持ち込まれ保存食として利用された。また、冬期間に捕獲された獣肉類は常温保存、つまり屋外に置いておくだけで冷凍保存されたが、春先から夏期にかけての高温期には干し肉、燻製肉、塩漬け肉など短期的、長期的な保存技術を駆使して食物の偏在を補い、通年的安定化を図っていた。これは魚肉に関しても同様のことがいえ、夏期の高温多湿なアムール川流域に暮らしてきた先住民族たちの生存戦略の骨格にあたる技術と評価できる。

　このような自然資源の季節的偏在を補い、通年的に安定した食物利用を可能にしてきた文化は、渡辺仁氏が北海道のアイヌ民族の狩猟採集活動を地域生態系との関係から研究し明らかにしたThe Ainu

Ecosystem : Environment and Group Structure (『アイヌのエコシステム』: Watanabe 1973) 調査段階でもすでに意識されていた問題であった。

　近年では、当該地域の狩猟採集型の先住民族は、クロテンなどの毛皮獣狩猟を中心とした交易民とする見方が歴史分野を中心に強まっているように見受けられるが、毛皮交易は安定した政治経済環境下にあって初めて可能となるものであり、交易だけに依拠した生活に特化するほど先住民族の生活は甘くはない。したたかに生きる彼らにとって、最も重用な課題は自然環境下でいかに持続的に食料を獲得するかにある。交易はあくまでも威信資源の獲得や政治的思惑などを目的としたオプションとして位置付いていたに過ぎないと私は考えている。

　繰り返すが、アイヌの人々も極東ロシア先住民族たちも、"集団がいかに持続可能な生活系を獲得し持続できるか"が最重要課題であったはずであり、年間を通して繰り返されてきた生活サイクルもその自然環境の類似性と相まって相似構造を有していた。つまり、狩猟と河川、内水面漁撈を骨格とした生活サイクルが当該地域のような森の豊かさを安定的に、かつ効率よく引き出す最良の戦略として採用されてきたことこそが、重要であろうし、私たちの研究もそこに焦点を当ててきたのである。

第2節. 農耕可能な地域と非農耕地域

　森林と人々の関係を狩猟採集型の先住民族から見ると、自然林が保たれていることが最も重要な要件となる。何故なら、彼らに安定的に食物を供給してくれるのは"森が自然の状態であること"が前提であるからだ。そのため、狩猟採集民の存在が自然林の残存を保証してきたともいえ、世界に目を向けても、自然度の高い森林を保有する率が高まるほど、その地域に狩猟採集民の残存が認められるということにもつながるわけである。極東ロシアの先住民族が利用してきた森林環境は、集落や狩猟漁撈活動に利用されるキャンプ地

や小屋の周辺には人為的に生じた代償植生が見られ、ベリーやナッツ類が比較的卓越した場所では採取活動を継続的に行って生じた人為植生が確認できる。すなわち彼らの居住する地域においては、その多くが自然林、あるいは自然再生林として評価できる状態にあった。

　しかし、それは先述したように農耕化が進んでいない段階での話である。現在、沿海地方からハバロフスク地方のアムール川流域の先住民族の村々では、小規模ではあるが家庭菜園的な農耕がはじまっている。小規模であっても農耕化が進み、集落内に屋敷畑が耕作されるようになったり、猟場内に敷設された狩猟小屋周辺に畑が拓かれるようになった今日では、周辺森林からの落ち葉の採取や薪炭材の伐採や倒木利用が加速度的に高まってきており、人為的植生への移行が危ぶまれ始めている。私がその実態を垣間見ているのは沿海地方クラースヌィ・ヤール村であるが、1995年から2003年にかけての8年間の間に集落周辺や河川上流部に展開する猟場内の人為植生が拡大した。それは経済の活性化に呼応した動きであり、住宅の増改築などの影響もあるようである。そして、今やサハ共和国のヤクーツクの町中ではビニールハウスでトマトを作る者も現れ、東シベリアから極東ロシアにかけて漸進的に農耕化が進行している。このことが先住民族と森林との関係に何らかの影響を及ぼすのもそう遠くはない話であろう。ましてや、年ごとに温暖化が叫ばれている現在、この傾向が強まってゆくのではないかと思われる。

　一方、日本国内の東北地方豪雪山岳地帯に点在するマタギ集落と称される狩猟集落は、少なくとも集落の形成が確認される近世初頭以来、農耕を営みながら狩猟採集活動を補完的に行ってきた。マタギ集団の年間の生活サイクルを見ると、明らかに農耕を前提とした、というよりも狩猟採集活動の中に農耕が入り込んだ姿を呈している。マタギはツキノワグマやカモシカなどの大型獣狩猟に特化した狩猟集団として理解されているが、彼らが生活上の食料として最も利用した動物はウサギ、ヤマドリなどであり、一冬に一軒の家が

消費したウサギは30〜50羽と語る人もいるほどである。いかにその数が大げさに受け取られようとも、むら人がそれほどまでに重要視していたウサギなどの中小型獣に対する評価を見直す必要があるだろう。

　さらに魚類資源についても、現在ではダムなどの建設に伴ってその需要は急激に失われてきたが、マスやサケなどの河川漁撈も盛んに行われていた。しかし、大きな需要を有していた魚類資源に多大な影響を及ぼすダムなどの河川環境の改変に対してなぜ大きな危機感や抵抗というものが生じなかったのか、生じていたとしてどうしてそこに研究の目が向けられなかったのか、疑問が残る。

　このように、マタギ集落における自然林利用、その資源性は極めて高く、クリ、ナラの実、トチの実、クルミ、ブナの実などの堅果類、フキやミズナなどの山菜類をはじめキノコ類、昆虫、そしてヤマメ、イワナ、カジカなどの魚類、ガン、カモ、ヤマドリ、キジ、ドバトなどの鳥類、ウサギやクマに加えてタヌキ、マミ（アナグマ）、サルなどの動物類などの食物資源。布や縄に加工利用されたシナやアサ、アイソなどの植物繊維。数えあげれば100品目を軽く越える資源の数々である。

　そのマタギ集落の狩猟を見ると農耕地や集落を中心に同心円的に人為植生から自然植生へと漸進的に植生が変化してゆくと同時に、仕掛けられる罠類にも変化が見られる。その詳細はここでは省くが、人為的植生が卓越する、いわゆる里山には、農耕地に進入しやすい害獣となる鳥獣を捕獲する罠が配置され、自然植生が広がる奥山には大型獣を選択的に捕獲する罠類が配置される。このような農耕地周辺における農作物の被害防除を前提とした罠類を重視した狩猟システムは、農耕を前提とした抑止力機能が内置されている。既述したウサギの消費量が多かった過去の集落生活では、農耕地の害獣としても位置付いていたウサギを捕獲し、利用することで農耕と自然林の圧力バランスを保っていたと捉えることも可能であろう。

　つまり、非農耕地帯の狩猟採集型の先住民族の生業活動と農耕可

能な地域における狩猟採集活動は、狩猟採集活動内で用いられる技術そのもの、あるいは大型獣狩猟に見られる追い込み猟、巻き狩り、罠猟などの個々のレベルでの技術は類似しているが、それが組織的に目的を持って組み合わされると異なった全体（システム）として見えてくることになる、という点が重要である。しかし、全体として組織化された狩猟の性格を分かつのは"農耕が可能であるのか、可能ではないのか"という一見単純にさえ映る自然環境要因によるものと、複雑で重層的な社会文化環境、すなわち中国やロシアでは毛皮獣資源を重視した政治経済的政策がとられ、一方は熊胆や薬食いの対象となった生薬・漢方資源としての大型獣資源を重視する江戸庶民や幕府であった、というそれぞれの地域の根底を流れる歴史社会的文脈、あるいは政治経済的環境が大きな差異を生む要因ともなっていると考えられる。

第3節．シベリアの森から

　モノや技術の類似性という視点は、伝播論や技術移転といったステレオタイプの考え方を引き出す。しかし、似ているから同じ系譜にあるということはいえず、似ていないから異なる系譜にあるともいいえない。"似ている、似ていない"はその観察者の主観性が強く働き、また我々の認識の反映ともいえる。系譜、または技術の流れと表現されている技術や形、すなわち表現型としての具体は単純に結びつけられないものである。そして、技術伝播をいうとき、最も重要なのは技術を受け入れ受容する側の論理であろう。ある人間集団がある技術を受容するとき、そこには集団が形成する社会内部にそれを受容するだけの状況や要因が存在するはずであり、この状況の説明が必須のものとなるだろう。
　さらにまた私たち自身が北方の文化に何を期待し、南方の文化に何を見ようとするか、つまり私たちが見ようとする世界の認識のあり方もこれらを読み解くときの大きな要素となる。いずれにして

も、複雑で重層的な環境下において当該地域の人々とその歴史や森との関わりの見え方は様々な顔を見せることになるのである。そして、このような広域的な視座に立って生活と文化、人間と自然の関係を俯瞰しようとするとき、いかに国境や先人たちが提示したアイデアというもの、私たち自身の認識のありようが正しい理解へと導くための阻害要因となっているかを自覚するのである。

　シベリアの森から南東に位置する北海道を見ると、その南には農耕地の広がる豊穣な大地が弧状に広がっている。東日本の山中からシベリアを見ると広大な白い大地、開拓することが困難な大地が広がっている。北海道や東北は両者の境界に位置している。近代以降の農耕化の動きは漸進的に北上し、今や北海道は米作地帯、穀物倉庫といってよい。

　極東アムール川流域に暮らす先住民族、サハリン、クリル、北海道に暮らすアイヌの人々、東日本に暮らす山の民。それぞれの狩猟や漁撈、森の中でのさまざまな生業活動に同行していると、それぞれが小さな人間集団として存在し、また語られている一方で、これらの人々が巨大な人間集団の一部のように見えてくる瞬間がある。確かに、語る言語の違いや彼らの日常の背後に存在する国家の大きさに驚きながら、彼らが共通して持っている世界観、自然に対する配慮や敬意が国家や言語を超えて存在するような感覚に囚われる。それは多分、彼らの歴史的時間の深遠さなのかも知れない。そしてまた地域や国家的枠組の小ささ故かも知れない。

　いずれにしても、思いを殺しつつこの地域に生きてきた先人たちが遺し、また継承されてきたさまざまな知恵と技術を可能な限り丁寧に見続け、読み解き続けなければならない。「アイヌ文化と森」というテーマを見れば、ごく小さな人間集団、一民族と森との関係に見えてしまうのであるが、実は、極東アジア、東アジア、かつての中華文化圏の周辺に位置付いていた人間集団の生存をかけた闘いの歴史としたたかな生の論理のなかで語られなければならない壮大なテーマであることに気付かされるのである。

<引用・参考文献>

1. 網野善彦・石井進(編)『北から見直す日本史』(大和書房、2001年)
2. アルセーニエフ・K・ウラジーミル、長谷川四郎訳(『デルスー・ウザーラ』河出書房新社、1975年)
3. 今村仁司『交易する人間 - 贈与と交換の人間学 -』(〈講談社選書〉講談社、2000年)
4. 佐藤宏之(編)『ロシア狩猟文化誌』(慶友社、1998年)
5. 田口洋美『新編　越後三面山人記 - マタギの自然観に習う -』(〈ヤマケイ文庫〉山と渓谷社、2016年)
6. 田口洋美『クマ問題を考える - 野生動物生息域拡大期のリテラシー - 』〈ヤマケイ新書〉山と渓谷社、2017年)
7. テスタール・アラン、山内昶(訳)『新不平等起源論 - 狩猟＝採集民の民族学 - 』(〈ウニベルシタス叢書〉法政大学出版局、1995年)

あとがき

　アイヌ民族は草や木についてどのような認識や知識をもち、草木や花や果実を実際にどのように利用したのか。伝統的生態的知識に裏づけられたそれらの個々の利用や保存、また植物の維持・管理はどのようにおこなわれたのか。エコロジカルな生産様式にかかわる実践面での営みだけでなく、アイヌの信仰や認識論の深みにまで分け入って考察をおこなうことが議論を深めるうえで有効である。その意味で、本書に収録した12篇の論考のそれぞれは、アイヌのそうした生産活動のもつ本質を多角的に捉え判断する際の一助となろう。

　アイヌの自然の恵みを利用する行為は、宗教的・道徳的などの活動と一体のものであることに特徴がある。自然を強引に制御しようとするのではなく、自然への感謝や畏怖を併せ持っている。しかしそうした価値観は、実を言えばアイヌ文化だけに限定されるものではない。近代になって、生産活動を労働と位置づけ、人間を自然から解き放つ特有の思想が拡大していく過程で、人と自然との対称性が喪われていくことになる。

　国連のミレニアム生態系評価で指摘されたように、現在、年間4万もの生物種が地球上から姿を消しているという。このような生物の大量絶滅は人口爆発と産業の発展に責任の所在がある。自然との共生や持続可能なやり方で生きることの難しさを見るにつけ、近代以前にさかのぼる祈りにも似た民族知を参照することの意義は薄れることはないだろう。

　本書を上梓するにあたり、遅々として進まない編集作業を粘り強く支えてくださった風土デザイン研究所の小林法道さんに心よりお礼を申しあげる次第である。

　　　　　　　　　　　　2018年3月1日　　手塚　薫・出利葉 浩司

編著者紹介

手塚 薫（てづか かおる）
　　北海学園大学人文学部 教授／学位　博士（文学）
　　早稲田大学大学院博士課程 中退
　　『アイヌの民族考古学』（同成社、2011 年）
　　『日本とはなにか』（共著、東京堂出版、2014 年）
　　『狩猟採集民からみた地球環境史』（共著、東京大学出版会、2017 年）

出利葉浩司（でりは こうじ）
　　北海学園大学客員研究員
　　北海道大学文学部 卒業
　　『博物館と政治的アイデンティティ - 北海道の地方博物館を例に - 』（2012 年）
　　『近世末期におけるアイヌの毛皮獣狩猟活動について - 毛皮交易の視点から』（2002 年）
　　『アルバータ州にある二つの博物館の先住民族展示について』（2005 年）
　　『公共空間にみる先住民文化 - 2007 年 10 月バンクーバー国際空港にて - 』（2008 年）

志賀雪湖（しが せつこ）
　　東京外国語大学大学院、早稲田大学、立正大学　非常勤講師／学位　文学修士
　　埼玉大学大学院文化科学研究科修士課程 修了
　　『アイヌ語南部方言 静内方言（アイヌ語北海道南部方言 基礎編）』（共著、東京外国語大学、2002 年）

内田祐一（うちだ ゆういち）
　　文化庁文化財部伝統文化課 国立アイヌ民族博物館設立準備室 調査官
　　東海大学文学部 卒業
　　『アイヌの歴史と文化』（共著、創童社、2004 年）
　　『アイヌ文化と北海道の中世社会』（共著、北海道出版企画センター、2006 年）
　　『図説 帯広・十勝の歴史』（共著、郷土出版社、2009 年）

津田命子（つだ のぶこ）
　　アイヌ服飾文様研究家
　　北海道大学アイヌ・先住民研究センター 客員研究員／学位　学術博士
　　総合研究大学院大学 修了
　　『アイヌ刺繍入門 - チヂリ編 - 』（2009 年）
　　『アイヌ刺繍入門 - カパラミプ編 - 』（私家版、2010 年）
　　『アイヌ衣装と刺繍入門 - ミニサイズ チヂリ編 - 』（2014 年）

秋野茂樹（あきの しげき）（2012 年 逝去）
　　元財団法人アイヌ文化振興・研究推進機構参事
　　立正大学文学部 卒業

『アイヌの「送り儀礼」に関する文献資料』（アイヌ民族博物館、1998 年）

　　　『イヨマンテ アイヌの霊送り儀礼 秋野茂樹論集』（秋野茂樹論集刊会、2017 年）（遺稿集）

北原次郎太（きたはら じろうた）

　　　北海道大学 准教授 / 学位　学術博士

　　　千葉大学大学院社会文化科学研究科博士課程 修了

　　　『アイヌの祭具 イナウの研究』（北海道大学出版会、2014 年）

　　　『花とイナウ - 世界の中のアイヌ文化 - 』（共著、北海道大学アイヌ・先住民研究センター、2015 年）

齋藤玲子（さいとう れいこ）

　　　国立民族学博物館 准教授

　　　北海道大学文学部 卒業

　　　『極北と森林の記憶 - イヌイットと北西海岸インディアンの版画 - 』（共編著、昭和堂、2010 年）

　　　『カナダ先住民芸術の歴史的展開と現代的課題』（国立民族学博物館館調査報告 131）（編著、2015 年）

　　　『民族文化の振興と工芸 - 北海道二風谷の木彫盆・イタから考える - 』（『文明史のなかの文化遺産』飯田卓編、臨川書店、2017 年）

吉原秀喜（よしはら ひでき）

　　　平取町アイヌ文化保全対策室長 / 学芸員

　　　北海道大学教育学部 卒業

　　　『アイヌ文化環境保全対策調査総括報告書』（企画編集、平取町、2006 年）

　　　『歴史展示のメッセージ - 歴博国際シンポジウム 歴史展示を考える：民族・戦争・教育 - 』（共著、国立歴史民俗博物館、2004 年）

　　　『北海道二風谷及び周辺地域のアイヌ生活用具コレクション（重要有形民俗文化財調査報告書）』（企画編集、2003 年）

田口 尚（たぐち ひさし）

　　　公益財団法人　北海道埋蔵文化財センター　普及活用課課長

　　　札幌商科大学（現札幌学院大学）人文学部 卒業

　　　『環境考古学マニュアル「千歳市美々 8 遺跡 - 火山灰地の低湿地遺跡事例から - 」』（同成社、2003 年）

　　　『新北海道の古代 3「擦文・アイヌ文化」』（北海道新聞、2007 年）

　　　『「木の考古学」出土木製品用材データベース「北海道」』（海青社、2012 年）

田口洋美（たぐち ひろみ）

　　　東北芸術工科大学 教授 / 学位　博士（環境学）

　　　東京大学大学院新領域創成科学研究科博士課程 修了

　　　『越後三面山人記 マタギの自然観に習う』（農山漁村文化協会、1992 年）

『マタギ 森と狩人の記録』(慶友社、1994年)
『クマ問題を考える:野生動物生息域拡大期のリテラシー』(山と渓谷社、2017年)

アイヌ文化と森

～人々と森の関わり～

編著者

手塚 薫・出利葉浩司

ISBN:978-4-9905024-9-2(C1039)
発 行 日　2018年3月20日（初版発行）
発 行 者　学術出版会 風土デザイン研究所
定　　価　　　1,400円＋（消費税）

＜学術出版会 風土デザイン研究所＞
〒060-0062
札幌市中央区南２条西５丁目６番地１‐１００２
電　　話　（０１１）２０９‐９７５０
Ｆ Ａ Ｘ　（０１１）２０９‐９７５１
Ｅ‐ｍａｉｌ　fudo-d@n.phoenix-c.or.jp
ホームページ　「風土デザイン研究所」
Facebook　　「風土デザイン研究所」